ビジネス選択理論能力検定™
2級 & 準1級
公式テキスト

BUSINESS CHOICE THEORY PROFICIENCY TEST
2ND GRADE & PRE-1ST GRADE
OFFICIAL GUIDE BOOK

ビジネス選択理論能力検定委員会

刊行にあたって … 6

はじめに … 8

ビジネス選択理論能力検定™とは … 10

第1部 理論編

1　イントロダクション … 14

2　選択理論の応用範囲 … 18

3　選択理論の基本的な考え方 … 20

4　5つの基本的欲求 … 29

5　上質世界 … 35

6　全行動 … 41

7　創造性 … 47

8　人間の行動のメカニズム … 53

9　選択理論のまとめ … 65

第2部 リードマネジメント編

1 リードマネジメントとは … 68

2 リードマネジメントの基本原則 … 73

3 リードマネジメントの効果（概要） … 78

4 リードマネジメントの要素 … 81
①良好な人間関係をつくる

5 リードマネジメントの要素 … 87
②事実の話し合い／③評価の質問

6 リードマネジメントの要素 … 91
④改善計画／⑤実行の決意

7 リードマネジメントの要素 … 94
⑥言い訳の機会を作らない

8 リードマネジメントの要素 … 96
⑦責任の自覚を促す

9　リードマネジメントの要素　… 101
　　⑧あきらめない

10　マネジメント上の重大な「小さな」問題への対処　… 103

11　Both-win（双方勝利）マネジメント　… 104

12　成功への処方箋　… 115

13　部下とともに成功する17の基準　… 118

目次
CONTENTS

第3部 実践編

1 イントロダクション … 124
2 実践編
- 2級 case 1/仕事の基準と自己評価が乖離している部下 … 127
- 2級 case 2/成果が出ないために、行動を恐れてしまう部下 … 131
- 2級 case 3/お客様の立場になって物事を見られない部下 … 135
- 2級 case 4/定年間際でモチベーションの低下した年上の部下 … 137
- 準1級 case 5/自分より給与が高い人が楽をしているのが許せない … 142
- 準1級 case 6/部署内で派閥ができている … 146
- 準1級 case 7/思うように成果が上がらず、諦めつつある部下 … 149
- 準1級 case 8/従来のスタッフと新しいスタッフの間に
モチベーションの開きがある … 154
- 準1級 case 9/期末まで残り2ヶ月。個々の問題を乗り越え、
全体の目標に向かって集中しないと達成が厳しい … 156
- 準1級 case10/選択理論に興味を示すものの、理解が不十分な部下 … 159

索引 … 162
参考文献 … 164

刊行にあたって

　選択理論の提唱者であるウィリアム・グラッサー博士は、「からだの健康と病気の間に『体調不良』という状態があるように、精神の健康と病気の間にも、『不幸』という状態がある」と述べています。

　体調不良になったとき、多くの人は、健康という状態を目指して適切な行動を取ることができますが、不幸という状態になったときには、多くの人はどうして良いかわかりません。

　その時に、どうしたら精神的な健康を取り戻せるかを教えてくれるのが選択理論です。もともとはリアリティセラピーというカウンセリングを重ねる中から生まれた理論ですが、1998年にアメリカで発刊された「Choice Theory ; A New Psychology of Personal Freedom（邦題：グラッサー博士の選択理論）」は、カウンセラーなどの専門家だけでなく、一般の方からも大きな反響がありました。個人の生活や家族の関係を改善する具体的な方法として、不幸から脱する方法を教えてくれるものだったからです。

　博士は、不幸になった原因そのものを取り除かない限り、その人はまた不幸になってしまうと考えます。不幸の原因とは多くの場合、自分にとって重要と思う人間関係がうまくいかないことによって生じるため、それに対して自分ができることをクライアントが自分で見つけ、自分で行動できるよう促します。

　私たちには、過去を変えることはできません。ですから、博士は、その人の過去には注目せず、現在に焦点を当て、より良い行動の選択を支援することで、一般に精神疾患といわれる患者の治療のみならず、精神的な病気までは至っていない、不幸という問題にも対処しています。

私自身、職業柄、多くの方のカウンセリングを行う機会があります。精神的に疾患を抱える方から、ビジネスパーソンまで、様々な方がいらっしゃいます。確かに、不幸の原因には、健康や経済面の問題ということもありますが、多くの場合満たされない人間関係に根本があるようです。例えば、人間関係のストレスがもととなり、体調に影響が出るということは良く耳にします。

　昨今のニュースを見ても、「相手がこうだから、私は不幸である」「相手が○○さえしてくれれば（しなければ）、私は幸せなのに」という考え方は、世の中からなかなか減りそうにありません。精神的な疾患まで行かなくとも、職場などで「軽うつ」などと言われるような症状が社会問題化しています。

　こうした問題は、「外的コントロール」という、相手を変えようとする考え方によってもたらされます。

　これに対して、選択理論は、私たちにコントロールできることは何かということを明確に定義してくれます。それによって、私たちはより大きな自由を得ることができます。選択理論の持つ力を、今でも強く、新鮮に感じることは数多くあります。

　しかしながら、大変残念なことに、選択理論の提唱者であるウィリアム・グラッサー博士は、去る2013年8月23日（現地時間）、ロサンゼルスのご自宅にて逝去されました。

　選択理論をより多くの方に学んでいただき、家庭や職場といった身近な人間関係を改善し、良い家庭、良い職場がひとつでも増えることを願っています。

ビジネス選択理論能力検定委員会 特別委員
日本選択理論心理学会

会長　柿谷 正期

はじめに

　ビジネス選択理論能力検定は、職場における目標達成と良好な人間関係を両立することを目指してスタートしました。

　私はこれまで、数千人の経営者の方に対して研修やコンサルティングを行ったり、社員が幸せに働く会社の研究などのフィールドワークを行ったりしています。

　こうした体験を通して、やはり、長期的な繁栄には、社内の人間関係が良好であることは必須条件であると確信しています。社内がぎすぎすとした雰囲気の会社で、社員が幸せな会社を見たことがありません。

　しかしながら、良好な人間関係だけでは不十分です。現パナソニックを創業した松下幸之助翁は、「繁栄なくして平和と幸福はない」と述べています。「貧すれば鈍する」という言葉もありますが、経済的な繁栄があるからこそ、将来を案ずることもなく、平和に暮らすことができ、幸せを手にすることができるのです。

　私は、企業の役割は、「その企業に縁ある人を幸せにすること」だと考えています。確かに、株主に還元することも企業の大切な役割のひとつです。しかし、その会社で働く人が幸せであり、充実しているからこそ、良い製品、サービスが生まれ、結果として良い成果が生まれるのではないでしょうか。短期的な業績のために社員をリストラして、ようやく確保した利益で配当を行う、という会社は決して良い会社とは言えません。

　選択理論やリードマネジメントは、高い成果と人間関係を両立するための強い示唆に富んでいます。ぜひ多くの方に学んでいただきたいと思います。

　本テキストは、はじめて部下を持った新任のリーダーの方から、

1対マスで大きな部署を動かしていく管理職の方までを対象としています。組織の中で、人間関係と成果を両立するというリードマネジメントの本質は変わりません。

　最後に、企業の最前線の現場においては、成果を上げるということは絶対的に必要です。私はトレーナーとしての経験上、選択理論を学び、その人間関係的側面にだけ注目をしてしまったがゆえに、成果を落としてしまうケースというのを幾度となく見ています。ほんとうのリーダー、マネジャーに求められるのは、そうではありません。成果を上げ続けるという高い成果志向を持ちながら、同時に最高の人間関係を実現する力です。選択理論はそのためのものであるということを忘れないでください。

　もし、あなたが外的コントロールの色濃い職場にいるとしたら、選択理論を導入してしばらくは、辛抱の時が続くでしょう。成果を落とさずに、組織風土を変えていくことは容易ではありません。しかし、それを乗り越え、一度、人間関係と成果を両立できれば、今度はその人間関係を土台に、長きに渡って組織の繁栄が約束されます。ぜひ、このテキストがその学びの助けになればと願っています。

ビジネス選択理論能力検定委員会 委員長
アチーブメント株式会社
代表取締役社長　青木 仁志

ビジネス選択理論能力検定™とは

ビジネス選択理論能力検定は、3級、2級、準1級、1級の4つのレベルで構成されています。

選択理論の基礎的な理解から職場における応用まで、幅広いレベルを扱いながら、職場におけるより良い人間関係の構築を目指しています。

	3級	2級	準1級	1級
主要な対象者	若手社会人～就職活動生	係長～主任クラスまた、これを目指す人	部長～課長クラスまた、これを目指す人	経営者また、これを目指す人
学習目的	選択理論に基づく自己のマネジメントができる	1対1のマネジメントができる	1対マスのマネジメントができる	選択理論に基づく組織の仕組みづくりができる
学習内容	選択理論の基礎的な知識と、職場における応用	選択理論の十分な知識と、マネジメントの基礎的な知識	選択理論の深い理解と、マネジメントの技術	選択理論の深い理解と、組織をマネジメントする技術

2級で扱う内容は、「1対1のマネジメントができる」という点に焦点をあてています。

数名の部下をお持ちの方、また部下でなくとも後輩を持ち、指導すべき立場になった方を主な対象としています。もちろん、そうし

た立場になる前の準備として学習していただくことも非常に有効です。

　準1級は、高度な問題への対応と、「1対マスのマネジメントができる」ことに焦点があたっています。1対マスのマネジメントは、1対1のマネジメントの集合体であるという側面もありますが、組織の仕組みやシステムの改善から、組織の改善を導くという視点も扱います。

　本書では、選択理論の説明だけでなく、ケーススタディ形式で、さまざまなシチュエーションに対する対応例も実践編として掲載しています。現場では、百人いれば百通りの対応方法がありますし、すべてが型通りにいくとも限りません。
　ケーススタディを学習しながら、身近なあの人だったら、どう対応するだろうか、と頭の中で応用しながら、考えてみてくださると、さらに学習効果が高まると思います。

　詳しい内容や試験の方式は、検定の公式ウェブサイトにて公開しています。ぜひ、そちらもご参照ください。
　http://business-ct.net/

2014年9月
ビジネス選択理論能力検定委員会

第1部 理論編

THEORY PART

1 イントロダクション

ボスとリーダー：導入にかえて

　ボスは駆り立て、リーダーは導く
　ボスは権威に依存し、リーダーは協力を頼みとする
　ボスは「私」と言い、リーダーは「私たち」と言う
　ボスは恐れを引き出し、リーダーは確信を育む
　ボスはどうするかを知っているが、リーダーはどうするかを示す
　ボスは恨みをつくりだし、リーダーは情熱を生みだす
　ボスは責め、リーダーは誤りを正す
　ボスは仕事を単調なものにし、リーダーは仕事を面白くする
　　　　　　　　　　　　　　　（『クオリティ・スクール』・サイマル出版）

　あなたは、ふだん職場でどのような立場にいらっしゃるでしょうか。おそらく、部下や後輩がいる「上司」の立場でありながら、自分にも上司がいる「部下」の立場でもあるという方がほとんどではないでしょうか。本テキストは、そういった方を主な対象としています。

　さて、冒頭の文章を読んで、あなたは「リーダー」でしたか？ それとも「ボス」でしたか？ また、あなたの上司はどうでしょうか。

　あなたも、あなたの上司も「私はリーダーだ」と自信を持って言

える職場であれば、おそらくその職場は活気があり、人間関係が良く、成績も良い職場でしょう。

　逆にあなたや、あなたの上司が「ボス」であるとしたら、少なくとも人間関係は改善の余地のある職場ではないでしょうか。

　ビジネス選択理論能力検定は、「人間関係と成果の両立」を目指します。働くひとりひとりが、自分の職場が好きだ、自分の仕事が好きだということができ、しかも高い成果を挙げている、そんな理想の組織をひとつでも多く作り出すことを目指しています。

　そのために役立つのが「**選択理論**」です。
　ビジネス選択理論能力検定3級では、選択理論の基礎概念と、選択理論を自分自身に適用することを目標に学習をしています。
　ビジネス選択理論能力検定2級は、3級までの内容に加え、1対1でのマネジメントができるレベルを目指します。
　ビジネス選択理論能力検定準1級では、2級までの内容に加え、1対マスのマネジメントおよび、より高度な問題への対処が求められます。

　選択理論を職場でどのように活かし、人間関係と成果を両立させていくか。この検定を通して学んでいきましょう。

選択理論とは

　選択理論(選択理論心理学)は、1996年、米国のウィリアム・グラッサー博士が、それまで提唱していた**コントロール理論**を改称して提唱した心理学です。書籍としては、1998年に「Choice Theory ; A New Psychology of Personal Freedom」(邦題『グラッサー博

士の選択理論』・2000・アチーブメント出版）が発刊されています。

　グラッサー博士は、精神科医として、薬物治療を中心とした精神科のあり方は間違いだと指摘しており、薬を使わない治療法として、自らの臨床経験をもとに「**リアリティセラピー（Reality Therapy・現実療法）**」と呼ばれるカウンセリング手法を提唱しました。1965年に、アメリカで書籍「Reality Therapy」が刊行され、累計100万部のベストセラーになりました。

　そのリアリティセラピーをもとに、人間の行動のメカニズムを理論化・体系化したものが選択理論です。別の言葉で表せば、脳のはたらきをベースにして、人間の行動がどのようになされるかを説明しています。

　この、人の行動のメカニズムは、最終的には、「第1部　8　人間の行動のメカニズム」にある「**カラーチャート**」と呼ばれる図によって示されます。カラーチャートは、私たちが外部からの情報をどのように処理し、行動を選択しているかが示されます。

　心理学という学問は、近年脳科学的アプローチによって、その地平を広げていますが、まだ解明されていないこともたくさんあります。

　選択理論のなかにも、証明の難しい、仮説に留まる内容も含まれています。ただ、選択理論はリアリティセラピーというカウンセリングの実践の中から生まれてきたものであるため、非常に実践的な理論であるという前提を忘れないでください。

　リアリティセラピーは非常に効果的なカウンセリング手法であるという評価がなされていますし、選択理論についても、それを応用した**クオリティスクールやリードマネジメント**は高い成果を残して

第 1 部　理論編
THEORY PART

います。選択理論を学び、実践したことにより、身近な人間関係や職場での人間関係を改善したケースもたくさんあります。

　ぜひ、選択理論を学び、行動に移してみていただきたいと思います。私たち委員会は、検定試験の学びを通して、実際にみなさんの生活をより良い方向に導くことを目的としています。職場や家庭など、身近なところで、少しずつ実践してみてください。

ウィリアム・グラッサー博士
（Dr.William Glasser）1925-2013

　米国精神科医、選択理論提唱者。
　薬を使わない独自のカウンセリング手法「リアリティセラピー」を生み出し、1965 年に米国で刊行された同名の書籍はベストセラーとなる。その後、選択理論をまとめあげ、その普及に務めた。選択理論を応用した学校教育、刑務所での再教育などは高い成果をあげ、選択理論は 60 カ国に広がっている。

2 選択理論の応用範囲

選択理論の応用範囲

　選択理論は、現在主に４つの分野で応用されています。（2012 William Glasser International Conference による）

１）カウンセリング領域
　　選択理論をもとにしたカウンセリングをリアリティセラピー（Reality Therapy：現実療法）と呼びます。

２）学校領域
　　選択理論をもとにした学校をクオリティスクール（Glasser Quality School）と呼びます。クオリティスクールには、認定のための一定の基準があり、認定された学校は 21 校にのぼります。また、クォリティスクールを目指す取り組みを行う学校は、全米で 250 校を超えると言われています。

　　【Glasser Quality School の認定基準】
　　１．２年以内に突発的な問題は別として、生徒指導上の規律違反の問題がほとんどなくなっている。
　　２．アチーブメントテストで今までの成績を上回る成績を修めている。
　　３．悪い成績（B 以下）はなくなっている。コンピテンス（できるレベル）を全生徒が身につけている。

4．どの分野であってもよいが「上質」と呼ばれるレベルの取り組みを生徒全員がしている。
　5．教師、生徒、保護者は選択理論を学んで生活に活かしている。
　6．喜びに満ちた学校環境ができている。

3）マネジメント領域
　選択理論をもとにしたマネジメントを**リードマネジメント**（Lead Management）と呼びます。これは主に職場において活用されるものですが、学校の教師も身につける必要があります。

4）生活領域
　選択理論は、Personal Well-being（個人のより良い生活）にも効果があると指摘されています。

　これらの領域は、相互に重なりあう部分もあります。また、今後適用される分野が増えていくことも十分に考えられます。

3 選択理論の基本的な考え方

外的コントロールと内発的動機づけ

　選択理論の考え方を学ぶ前に、選択理論と反する考え方である**外的コントロール**について学習します。

　外的コントロールとは、「人間の行動は、外部からの刺激に反応することで起こる」という考え方です。
　例えば、「電話が鳴ったから電話を取った」「上司に怒られたから落ち込んだ」という考え方は、外的コントロールに基づくものです。
　また、「成績が悪い部下を怒鳴る（ことで成果を出させようとする）」「思い通りに行かない時に文句を言う（ことで思い通りにしようとする）」ということも、同じく外的コントロールに基づいたものです。
　外的コントロールとは、「私の行動は私以外の何か／誰かのせいである」「私は他者の行動を変えることができる」という考え方です。外的コントロールは私たちに不幸をもたらします。
　しかし、職場においても家庭においても、あるいは学校などでも、外的コントロールはなかなか根絶されません。
　その理由として、以下の５つが挙げられます。
　① 使う側にとって楽だから
　②（短期的ではあるが）効果があるから
　③ すぐに結果が欲しいから
　④ 自分のやり方を変えたくないから

⑤ 他のやり方を知らないから

　外的コントロールは、多くの場合、立場や権威が上にある人が、下にある人に対して使います。そのため、使う側にとっては非常に楽な側面があります。具体的にやり方を教えるなど、結果を出すまでの過程において労力を割くことなく、結果に対して叱責するだけですむからです。マネジメントする側としては、これによって、「自分は仕事を果たした、結果が出ないのは部下が悪い」と責任を転嫁することができます。
　外的コントロールを受けた人は、これ以上怒られたくない、嫌な思いをしたくないといった動機で行動を起こします。そのため、一時的には良い結果をもたらすことがあります。例えば、宿題をしていなくて怒られた生徒が、その時だけは頑張って宿題を終わらせる、といったことです。しかし、たいていの場合、やり過ごしてしまえばモチベーションが下がってしまい、成果は元通りになります。
　また、人間は変化を嫌う動物ですので、今までずっと使い慣れてきた外的コントロールをやめるということには、大きなエネルギーを必要とします。ですから、新しい方法を習得するよりは、外的コントロールに頼ることを選択してしまうことも多くあります。
　さらに、**内的コントロール**によるアプローチを具体的にどうして良いかわからないということも良くあります。例えば、時折、教師の体罰の問題が新聞を賑わせますが、幼少期から外的コントロールによる指導方法しか見てこなかった人は、突然「外的コントロールは良くない」と言われても、どうして良いかわからなくなってしまうのです。これは大変不幸なことですが、こうした背景から、外的コントロールは日常のあらゆる場面ではびこっています。

これに対し、選択理論は「内発的動機」づけによる考え方をとります。内発的動機づけは、内的コントロールとも言います。
　内発的動機づけとは、「私たちの行動は、内側から動機づけられている」という考え方です。
　選択理論では、他者の言動を含め、あらゆる現象や状況は情報にすぎないと考えます。私たちは、脳によって知覚した情報をもとに、その時の自分にとって最善と思われる行動を選択し、行動しています。
　例えば、「電話が鳴る」ことは情報にすぎません。その情報を元に、「出る」か「出ない」かは、私たちが自分で選択した行動だと考えます。
　仕事において、上司からアドバイスをもらうことも情報にすぎませんから、それをやってみる人もいれば、自分は違うやり方をするといって、やらない人もいます。それぞれの人が、行動を選択しているのです。
　私達は、どのような行動であれ（それが「何もしない」という行動であっても）、自分の欲求を満たすために、その時の自分にとっての最善の行動を選択しています。欲求は「第1部　4　5つの基本的欲求」で、最善の行動である理由は「第1部　7　創造性」でお伝えしますが、ここではそのように捉えておいてください。
　「部下が失敗の報告をしてきた」ことも情報に過ぎません。それに対して、例えば上司が「怒る」選択をしていたとしても、その人にとって最善の選択なのです。客観的に見て、もっと良いやり方があるとしても、怒っている本人にとっては、怒る行動が、その時点のその人にとって最も欲求を満たすものであり、最善の行動です。
　ただし、より効果的な行動があるという情報を手にすれば、その後から行動の選択は変わるかもしれません。あくまで「その時の」最善であって、最善の選択肢は移り変わっていくからです。

外的コントロールと内発的動機づけのまとめ

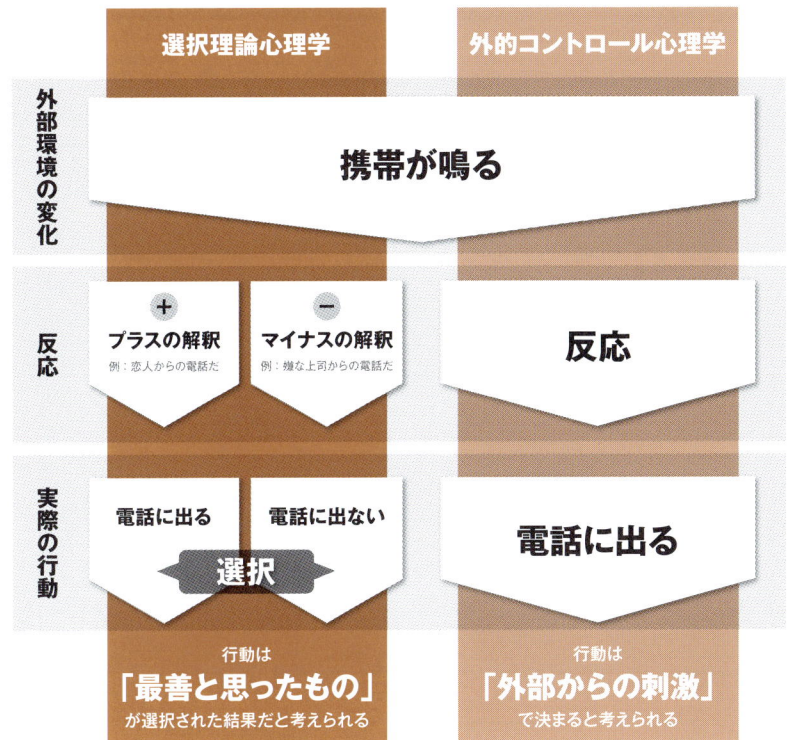

外的コントロールの信条、選択理論の考え方

　外的コントロールと選択理論の考え方を、グラッサー博士はいくつかのポイントにまとめています。

【外的コントロールの信条】
第一の信条
　私は外側から来る簡単なシグナルに反応して、電話が鳴ると受話器をとる、玄関のベルが鳴るとドアを開ける、赤信号で止まる、その他の諸々のことを行う。

第二の信条
　私は、人がしたくないことでも、自分がさせたいと思うことをその人にさせることができる。そして他の人も、私が考え、行為し、感じることをコントロールできる。

第三の信条
　私の言うとおりのことをしない人をばかにし、脅し、罰を与える、あるいは言うことを聞く人に褒美を与えることは、正しいことであり、私の道義的な責任である。

（『グラッサー博士の選択理論』p.38）

　第一の信条から第三の信条にかけて、徐々に外的コントロールに対する積極性が増しています。

　第一の信条は、私たちの行動の選択について述べています。
　私たちは雨が降ったからといって、必ずしも憂うつになるわけではありません。電話が鳴ったとしても、画面に表示された相手の名前を見て、今は出たくないと思えば出ないかもしれません。会社で後輩が失敗したとき、怒ったり、イライラしたりすることが当然ではなく、穏やかに諭すという選択肢もあります。
　「こんな状態になったのはあなたのせいだ」「こんな状況だから、落ち込むのも無理はない」こんな考え方や口ぐせのある人は要注意です。

　第二の信条からは、対人関係の観点も入ってきます。
　第二の信条に生きる人は、自分の行動や言動の責任を他者になすりつける傾向があります。

第 1 部　理論編
THEORY PART

　これは、宿題をやらなかったことを怒る教師や親、成績の悪かった部下に怒る上司といったケースだけでなく、受け身の人でも外的コントロールを使うということを述べています。例えば、「ほんとうはやりたくなかったのです」「言われたことをやっただけです」といった言い訳は、第二の信条に基づいたものと言えます。
　第三の信条は、コミュニケーションにおいて、より積極的に外的コントロールを使うべきであるという考え方を述べています。グラッサー博士は、「最も有害であり、ほとんどの人間関係を破壊する」と述べています。

　第三の信条を使ってしまう傾向のある人は、多くの場合、正義感や結果に対する強い意欲や責任感があるものの、効果的なコミュニケーション手段を知らない人です。また、単純に自分の欲求充足のためというケースも考えられます。
　たとえば、前者については、「勉強しなかったらゲームは禁止」と脅す親や、結果を出せなかった部下を大勢の前で馬鹿にする上司がいます。第二の信条と違うところは、「怒ったり、罰を与えたりして、無理にでも何かをさせることは相手のためなのだ、正しいことなのだ」と本人が考えている点です。
　実際には、外的コントロールは人間関係を破壊するだけなのですが、「甘やかしてはいけない」「自分もそうされて頑張ってきた」といった信念をなかなか変えることができず、外的コントロールの世界から抜け出せないようです。
　後者の「自分の欲求充足のため」というケースは、相手を批判したり、罰を与えたりすることそのものを目的化しているケースです。
　職場において、「自分の成績が一番でなければ存在価値がなくなってしまう」と考えている人が、頭角を現しつつある部下の些細なミ

スに対しても怒鳴るような場合は、相手を成長させようというより、部下に追い抜かれて自分の存在価値を否定されたくない、という思いが背景にあると考えられます。

　第三の信条については、『警告！――あなたの精神の健康を損なうおそれがありますので精神科には注意しましょう――』（2004・アチーブメント出版）の中で、グラッサー博士は、以下のようにも述べています。

　「私は『私にとって何が正しいかを知っている』だけではなく、『他の人にとっても何が正しいかを知っている』と言うことである」

（『警告！』p.184）

　選択理論の考え方における大切な前提は、「人それぞれ物事の捉え方が違う」ということです。

コントロールできるもの、できないもの

　選択理論では、「私がコントロールできるのは私だけである」という考えを明確に示しています。これは、「私はほかの誰か／何かによってコントロールされない」ということでもあります。

　これに対して、外的コントロールは「私はほかの誰かをコントロールできる」と考えます。これは、「私は誰か／何かによってコントロールされる」ということでもあります。

　選択理論に基づいて人生を歩む上で、この考え方の違いは非常に重要です。

　自分の人生を自分で操縦しているという自覚こそが、私たちに自由であるという実感を与えます。しかし、当然のことながら、私た

ちは、世の中のすべてのことをコントロールできるわけではありません。そこで、選択理論では、コントロールできるものとできないものを区分し、コントロールできるものだけに焦点を当てるという考え方を採ります。

コントロールできること	コントロールできないこと	立場や場合によっては変えられること （一般的には変えにくいこと）
自分の考え	他人の考え	会社のルール
自分の行動	他人の行動	配属
自分の発言	他人の発言	
	過去に起きたこと	
	景気などの環境	

　不自由である人は、ストレスを抱えます。そうした人の多くは、自分にコントロールできないことに注目しています。「あの上司さえいなければ」「過去にあんな失敗がなければ」と、コントロールできないことに注目をしても、ストレスはなくなりません。なぜなら、コントロールできないことに対して、効果的な解決策は生まれないからです。

　選択理論では、コントロールできないものはコントロールできないものとして、すっぱりと考えから除きます。かわりに、自分自身の考えや行動は、誰にもコントロールされないものと捉えます。どのような環境であっても、自分の意思でより良い行動を取ることが

できると考えます。だからこそ、過去がどうあれ、未来は変えることができますし、選択理論においては、「すべての行動は自分に責任がある」と考えます。

　ここまで読まれた方は、「自分は経営者ではないのだから、全て自由に仕事ができるわけではない」と思われる方もいらっしゃるかもしれません。
　確かに、職場においては、すべてが自分のやりたい仕事であるとは限りませんし、会社の命令によって転勤せざるを得ないといったこともあるでしょう。それでも、私が選択してこの仕事をしている、私の選択でこの会社にいると捉え、「この状況下で私にできる最善は何か」を考え、行動することは、あなたに自由を与えます。
　「会社のせいでこうなってしまった」、あるいは「私の人生は誰かにコントロールされている」と考えている限り、どんなに収入があっても、どんなに名声を手にしたとしても、そこに自由はありません。

4 5つの基本的欲求

私たちを駆り立てるもの

　選択理論では、私たちは生まれながらに5つの基本的欲求を持っていると考えます。私たちは5つの基本的欲求を満たすために行動を選択しているのです。5つの基本的欲求とは、具体的には以下の5つのことです。

1. 生存の欲求（Survival）
2. 愛・所属の欲求（Love&Belonging）
3. 力の欲求（Power）
4. 自由の欲求（Freedom）
5. 楽しみの欲求（Fun）

　生存の欲求は、睡眠欲、食欲、生殖といった身体的な欲求をつかさどります。生存の欲求は原始的なものですから、どのような動物であっても持っていると考えられます。また、リスクを回避し、安全を求める傾向も生存の欲求に含まれます。例えば、失敗を避けたいがために、細かくやり方を確認することを好む部下がいるならば、生存の欲求が強いと考えられます。

　愛・所属の欲求は、「誰かと一緒にいたい」といった満足な人間関係を求める欲求です。愛の欲求は、特定の人物との深い関係を求め、所属の欲求は多くの人物との広い関係を求めます。愛・所属の欲求の最大の特徴は、この欲求だけが、自分ひとりで満たすことが

難しいということです。愛し愛されることや、グループに所属するためには、必ず自分以外の誰かが必要です（ただし、時にペットのように人間でないものによって欲求を満たすケースもあります）。グラッサー博士は満足な人間関係が最低ひとつあることが精神的健康の最低条件だとしています（『警告！』）。職場においては、グループで何かをすることを好む部下は愛・所属の欲求が強いと考えられます。また、職場全体として、「会社に行きたい、みんなと働くのが好きだ」という雰囲気を作り出すことは、愛・所属の欲求を満たすため効果的です。

　力の欲求は、「認められたい、勝ちたい」といった欲求です。力の欲求は向上心やより高い成果を志向するため、強いことが悪いわけではありません。しかし、力の欲求によって、しばしば愛・所属の欲求が満たされなくなってしまうこともあります。仕事に没頭するあまり、家族をないがしろにしてしまう、といった現実は力の欲求が愛・所属の欲求より優先されていることによると考えることができます。与えられた仕事は絶対にやり遂げる人や、常に高い目標を掲げる人は力の欲求が強いと考えられます。

　自由の欲求とは、「自分のやりたいようにしたい」という欲求です。あれこれと指示されたくない、ルールに縛られたくないといった欲求です。やり方をこと細かに指示されることを好まず、与えられた目標に対して自分なりに考えたいという人は、自由の欲求が強いタイプだと言えます。

　楽しみの欲求とは、「新たな知識・経験を得たい」という欲求です。ユーモアが好きな人はもちろん、知識欲や好奇心の強い人も、楽しみの欲求が強いといえます。

　５つの基本的欲求は、人それぞれ強さが違うと考えられています。

必ずしも生存から順番に満たす必要があるわけではなく、人によって違います。例えば、スカイダイビングやバンジージャンプが好きな人は、楽しみの欲求が生存の欲求に勝っています。逆に、生存の欲求が勝る人は、スカイダイビングやバンジージャンプを行うことは苦痛だと感じます。

人それぞれが持っている5つの欲求の強さを、「欲求プロフィール」や「欲求バランス」と呼びます。例えば以下のように、欲求プロフィールは人によってさまざまです。

> Aさん…バリバリと組織を引っ張っていくタイプ
> 生存 ❷　愛・所属 ❹　力 ❺　自由 ❺　楽しみ ❸
> Bさん…縁の下の力持ちの方がモチベーションが上がるタイプ
> 生存 ❹　愛・所属 ❺　力 ❹　自由 ❷　楽しみ ❷

ひとりひとりが持つそれぞれの欲求の強さは、遺伝子に刻まれて生まれながらに決まっており、生涯変わることはありません。

しかし、同じくらいの欲求の強さをもつ人同士でも、欲求の満たし方は違います。また、同じ人でも、経験や価値観の変化などのさまざまな要因によって、満たし方が変わることがあります。

例えば、力の欲求がとても強く、サッカーの得意な小学生のCくんと、同じ小学生で、Cくんと同じくらい力の欲求が強く、算数の得意なDくんがいたとします。

Cくんは体育の時間や休み時間が来ると目を輝かせ、はつらつとして、サッカーでゴールを決め、誰よりも目立つことに執念を燃やすでしょう。

これに対してDくんは、算数のテストの時間が大好きです。他

の子は「テストだ、憂うつだ」と思っていても、Dくんは楽しそうに、満点を取って、クラスで一番になることを目指すはずです。

　同じ人物でも、満たし方が変わる例も見てみましょう。これも力の欲求がわかりやすいので力の欲求を例にします。
　20代で営業の仕事についたEさんがいたとします。Eさんは徐々に営業の仕事で成果を出せるようになると、力の欲求が満たされるようになります。営業の仕事が欲求を満たすことに繋がると、仕事が楽しくなり、ますます成果を目指すようになります。この時、Eさんの力の欲求の満たし方は「営業の仕事で、自分が成果を出すこと」です。
　活躍が認められたEさんは、ある時、会社から部下を持たないかと持ちかけられ、それを了承します。しかし、最初のうちは、自分の欲求を満たしてくれる営業の時間が減り、部下を育てる時間を多く取らざるをえず、多少のフラストレーションが溜まることもあるかもしれません。
　それでも根気強く部下を育成するうちに、部下が「Eさんに教えてもらった通りやったら、成果が出ました」と嬉しい報告をしてくれたり、会社の幹部からも「Eくんのチームは人が育つと評判だな、これからも頼むよ」と褒められたりするようになってきました。その頃には、Eさんの力の欲求の満たし方は、「部下を育てて、部下が成果を出すこと」に切り替わっています。

　このように、同じような欲求の強さを持っていても、満たし方は人によって違いますし、同じ人であっても、欲求の満たし方は変わっていくことがあります。

第 1 部　理論編
THEORY PART

　5つの基本的欲求が遺伝子に刻まれているということは、選択理論の唱えている仮説に過ぎません。
　しかしここで重要なことは、「欲求はどのような種類があるか」といった議論ではなく、「人はそれぞれ違った欲求を持ち、それを満たすために行動をしている。そして、他者の欲求は変えることができない」ということです。この考えを持つ限り、他者との違いを認めることができます。
　グラッサー博士も、著書の中で以下のように述べています。

　「主題は、人を駆り立てる基本的欲求とは何かを証明することではない。人生をうまくコントロールするために、わたしたちは自分にとって基本的であると信じていることを満足させ、ほかの人が彼らにとって基本的なことを成就するのを尊重し、彼らを挫折させないようにすることを学ばねばならない。」
　　　　　　　（『人生はセルフ・コントロール』1985・サイマル出版 p.22-23）

　また、人間の基本的欲求は、その行動原理として、いずれかの欲求が常に他の欲求よりも優位にあるわけではありません。グラッサー博士は次のように述べています。

　「至上命令が一つしかないなら、人生は実に単純なものとなろう。人は生存するためにのみ闘争する下等動物や、植物のようになるだろう。今より、もっとうまくやっていけることも確かだ。人間の内側に矛盾がなくなるからである。」
　　　　　　　　　　　　　（『人生はセルフ・コントロール』p.24）

　人それぞれ欲求の強さが違うからこそ、物事に対する捉え方が変

わり、意見の違いが生まれます。それだけでなく、自分ひとりの中でも、異なる欲求の衝突に悩むことがあります。例えば、仕事でも成果を出したいけれど家族と一緒に過ごしたい、やせてきれいに見られたいけれど、美味しいものも食べたいといったことです。

　しかし私たちは、こうした矛盾や葛藤があるからこそ、知恵をつけたのだと考えられます。

　基本的欲求は、強いから良い、弱いから悪いといった類のものではありません。基本的欲求の強さは変わりませんから、自分がどのような欲求プロフィールを持ち、周りの人がどのような欲求プロフィールを持つかをしっかりと把握し、お互いの違いを認め、適切な行動を取ることが重要です。

5 上質世界

私たちを満たすイメージの世界

　私たちの脳の中には、「**上質世界**」という記憶の世界があると、選択理論では考えています。

　上質世界には、5つの基本的欲求のうち、1つ以上を強く満たすイメージ写真がたくさん貼り付けられています。私たちは、上質世界にあるイメージ写真を手に入れることで、基本的欲求を満たそうと行動するのです。

　グラッサー博士は、上質世界の要素として、以下の3つの要素を定義しています。

> ＜上質世界の3つの要素＞
> ・共にいたいと思う人
> ・最も所有したい、経験したいと思う物
> ・行動の多くを支配している考え、信条
>
> 　　　　　　　　　　（『グラッサー博士の選択理論』p.82）

　たとえば、私たちは、上質世界に入っている人（家族、恋人、親しい友人など）と一緒にいれば欲求が満たされます。上質世界にあるもの（自分の大好物）を食べることでも満たされます。フットサルが趣味の人ならば、フットサルをすることで満たされます。尊敬する経営者がいるならば、その人の書籍を読んだり、講演を聞いた

りして、考えに触れることでも満たされます。

　上質世界にあるイメージ写真を手にすることで、基本的欲求が満たされるので、快適感情を得ることができます。

　上質世界は、生まれたときから形成が始まります。さまざまな経験を通して上質世界に貼られるイメージ写真が追加されたり、貼り替えられたりします。

　多くの場合、最初に上質世界に入るのは母親のイメージ写真です。その後、好きな食べ物や、好きな人、行きたい場所、欲しいもの、自分に合った考え方といった、あらゆるものが上質世界に入っていきます。

　上質世界には、5つの基本的欲求のうち、1つ以上を満たすものならなんでも入る可能性があります。その人にとって欲求を満たすものであれば、アルコールや麻薬といった破壊的なもの、反社会的なものであってもイメージ写真がストックされていきます。

　上質世界のイメージ写真は貼り替わる可能性がありますが、一度上質世界に入ったものを取り去ることは大きな苦痛感情を伴います。

　たとえば、多くの人は、生まれた時に、上質世界に母親を入れますが、母親から虐待を受けると、上質世界から母親を外そうとします。

　しかし、「母親に愛されている自分の姿」が上質世界に入っている場合、母親を上質世界から追い出す（つまり、母親のもとから逃げ出すような行動を選択する）ことは大きな苦痛を伴うため、虐待を受け入れる選択をするというケースがあります。

　職場においても、仕事を上質世界に入れている人は、成果が上がる人です。仕事が上質世界に入っていないと、内発的に動機づけされないので、成果が上がりません。

上質世界を意識して仕事をする

　では、どのようにしたら、上質世界に仕事を入れることができるのでしょうか？　上質世界が実際に貼り替わるかどうかは私たちに直接コントロールできませんが、仕事のやりがい、面白い部分に目を向けることは、私たちにできることです。仕事を上質世界に入れている人は、お客様に喜んでいただいたり、目標を達成したときの高揚感を味わったり、「ありがとう」とお礼を言われる機会がたくさんあるなど、仕事は自分にとって基本的欲求を満たすものだと思える経験をたくさんしています。仕事を上質世界に入れるためには、意図的にそのような場面をつくり出していくことが必要です。

　仕事を通じて基本的欲求が満たされる部分に注目することで、私たちは「仕事とは快適感情が得られるもの」だと認識していきます。逆に、仕事の愚痴ばかり漏らしたり、文句を言ったり、基本的欲求が満たされない場面ばかりに焦点が当たっていると、仕事は苦痛感情を与えるものとして認識され、ますます上質世界から遠ざかってしまうでしょう。

　上質世界の特徴をまとめると、以下のようになります。

＜上質世界の特徴＞
1．私たちは上質世界から物事を判断し、自分に都合の良いように現実を定義する。
2．私たちは上質世界にあるものには強い関心を持つが、上質世界にあまり関係のないものに対しては関心を払わない。
3．私たちの上質世界に入るものは自分にとって良いものだが、すべてが健全なものとは限らない。
4．私たちの上質世界は固定されたものではなく、つねに変化していく。

上質世界は、針の先で突いたくらいに小さなものです。
　私たちが強烈に欲するイメージ写真とは、それほど貴重な記憶であり、それだけに、そのイメージ写真を剥がすことは強い苦痛を伴うということを理解しておく必要があります。

一人ひとりの上質世界は異なる

　同じ出来事や状況を目にしても、人によって違う捉え方をしていることがあります。それは、上質世界の違いから生まれてくるということも理解しておきましょう。
　たとえば、「お化け屋敷に行こう」と友人同士で計画した時、楽しそうに同調してくれる人もいれば、怖がって嫌がる友人もいるでしょう。
　美味しいと評判のケーキ屋さんが職場の近くに出来たとき、甘いもの好きの同僚は喜びますが、ダイエット中の同僚は複雑な気持ちになるでしょう。
　お互いに同じ事実に直面しながら、上質世界が異なるために、認識に違いが生まれるのです。
　個人の経験によってイメージ写真が蓄積されていくので、全く同じ上質世界を持つ人はいません。異なる上質世界を持ちながら判断しているために、ひとつの事実に対する反応が異なるためです。
　「事実はひとつでも、一人ひとりの認識は異なっている」ということは、日常的に起こっています。同じマーケティングリサーチのデータに対して、上司と部下で違う考えを持ったり、部署によって違う考えを持ったりすることはよくあります。業者との打ち合わせ後に、業務範囲について互いの認識が異なっているに気づいたというケースもあります。仕事場だけでなく、夫婦や親子間でのやりとりなど、日常のあらゆる状況で、「ひとつの事実に対して認識が異

なる」という現象が起こっています。

　私たちは、「相手も同じことを考えているはずだ」と思い込んでしまいがちです。そして、その認識の違いが明らかになったときに、「自分が正しい。あなたは違っている」と考えてしまう傾向があります。さらに、認識の違いが明らかになったときに、お互いに意見をぶつけ合う、ぶつけ合わないにかかわらず、最終的にどちらかが納得しないまま譲歩してしまうこともよく見受けられます。

　すると、「ほんとうは自分が言っていることのほうが正しいのに」「確かに相手の話は正しいかもしれないけれど、話を聞いてほしかった」といった気持ちが残ってしまい、その場での解決策は出たものの、人間関係においては、わだかまりの残ったままの状態が生まれます。

　そのままにするとストレスの蓄積を容認することになり、時間がたってから「いつもあの人は話を聞いてくれない」「何となく一緒に働きづらい」といった好ましくない結果を招く原因へ変化していくことになるのです。

　一人ひとりの上質世界が違うものだという前提で周囲の人に接すると、相手のことをより深く理解できるようになっていきます。
　その中で自分と近しい経験をしていたり、同じ趣味を持っていたり、さまざまな場面での感じ方や考え方が似ている人とは、きっと楽しい時間を過ごすことができるでしょう。
　しかし、友人は気の合う人を選べても、職場で上司や部下を選ぶことはできません。そのような状況でも良い人間関係を築いていく鍵が、この上質世界の理解にあります。
　意見の衝突は、単に上質世界が異なるがゆえに、ある事実を違う側面から捉えているだけというのがほとんどです。どちらかが正し

い、間違っているという発想ではなく、まずは相手の上質世界の理解に努めるだけでも、人間関係はかなり改善されるでしょう。

　1920年頃、アメリカの政治学者、メアリー・パーカー・フォレットは、意見の違いがあるときには誰が正しいかを考えてはならないとした。何が正しいかさえ考えてはならないとした。全員の答えが正しいと考えるべきであるとした。ただし、違う問題に対してである。全員が違う現実を見ている。
　　　　　　（『非営利組織の経営』P.F.ドラッカー・2007・ダイヤモンド社）p139

6 全行動

人の行動のメカニズムを知れば、自分をコントロールできる

　本項では、選択理論をベースとした人の行動メカニズムについて説明していきます。

　私たちは、いつでも自分の人生を最も効果的にコントロールできるような方法で行動を選択しています。つまり、私たちの上質世界にあるイメージ写真を満足させようとして行動しているのです。

　たとえば、何かに失敗して落ち込んでいる状態だとしても、グラッサー博士は、この落ち込みも本人の選択であると述べています。なぜなら、落ち込みをやめる行動も選択できるからです。そこで、より具体的に自分を満たす選択ができるようになるために、行動のメカニズムを理解することが不可欠なのです。

　選択理論では、行動を「**行為**」「**思考**」「**感情**」「**生理反応**」の4つの要素に分けて「**全行動**（Total Behavior）」と言い換えています。「全」とつけているのは、つねに4つの要素が行動全体を構成しているからです。

　私たちの行動は常にこれらの4つの要素が絡み合って構成されており、切り離せない関係になっています。ただし、グラッサー博士は4つの要素のうちどれか一つが目立って見られることが多いと述べています。

　たとえば、今あなたが行っている「読書」という全行動の場合、目や手を動かすのが「行為」で、同時に何かを考えたり理解したりしているのが「思考」です。読みながら快・不快を体験します。ま

た、心臓が動いたり、呼吸をしたりしているのが「生理反応」です。本を読むという行動では、ページをめくるという行為が目立ち、実際には感情や生理反応にも変化があるものの、「本を読む」という行為の要素が目立って見えます（表情がこわばったり、眉間にシワがよったり、いかにも考えながら読んでいる場合は、同じ読書でも思考が目立つことになります）。

全行動の概念

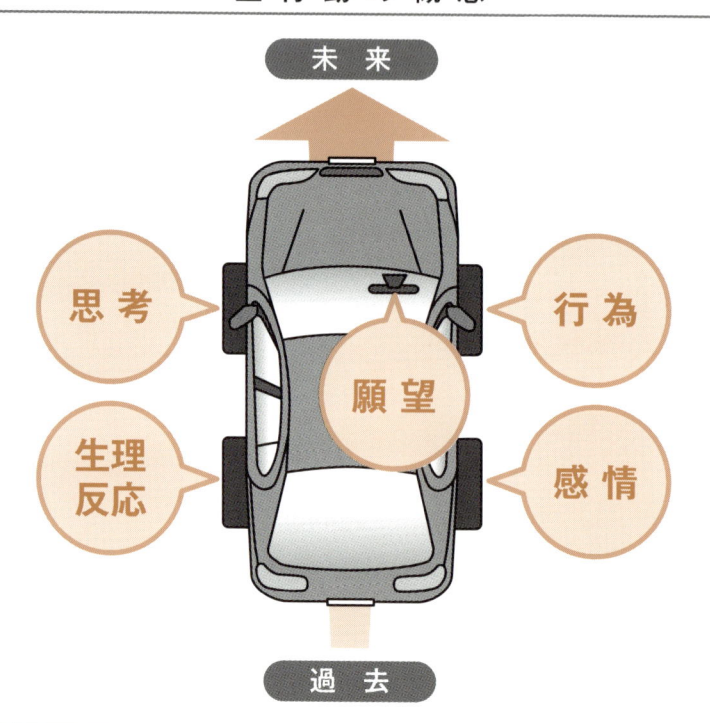

未来

思考　行為　願望　生理反応　感情

過去

全行動の4要素
- 行　為：歩く、話す、食べるなどの動作
- 思　考：考える・思い出す・想像するなど、頭を働かせること
- 感　情：喜怒哀楽といった感情
- 生理反応：発汗、心拍、あくび、呼吸、内臓の働きなど

第1部　理論編
Theory Part

　全行動の概念は車に例えられます。
　全行動の4つの要素が4輪をなし、ハンドルで自分の願望に向かいます。エンジンが基本的欲求です。前輪は「思考」と「行為」、後輪は「感情」と「生理反応」です。

　この車の原動力（エンジン）は5つの基本的欲求です。そして、願望（上質世界）に向かってハンドルを切ります。
　ハンドルを切ることによってタイヤの向きをコントロールします。ただ、実際の車でも、ハンドルを切ったときに4輪すべてが動くわけではありません。動くのは前輪だけです。この意味は、「思考」と「行為」は私たちがコントロールできるものであり、「感情」と「生理反応」は直接制御するのが難しく、思考と行為に従って変わっていくということを表します。
　このことを、簡単なワークで体感してみましょう。

> 【ワーク】下記の4つの指示に順番に従ってください。
>
> 1．その場で立ち上がってください。
> 2．首の長いキリンをイメージしてください。
> 3．怒ってください。
> 4．心拍数を上げてください。

　ワーク1は行為に焦点が当たっています。「立つ」という行為は、あなたの意思で選択できます。
　ワーク2は思考に焦点が当たっています。文章を読んだ瞬間に、頭の中にイメージが浮かんできたのではないでしょうか。
　ワーク3は感情に焦点が当たっています。いきなり怒りの感情は

湧いてきません。できたとしたら、憤りをおぼえるような過去の記憶を思い出す（思考）などした結果ではないでしょうか。

ワーク４は生理反応です。これも、直接コントロールすることはできません。激しい運動をする（行為）、怖い映画を思い出す（思考）などによって心拍数を上げることは可能でしょうが、それは思考・行為がもたらしたものです。

このように全行動は４つの要素が連動していますが、行為と思考をコントロールすることで間接的に感情と生理反応をコントロールしていくことが可能です。

たとえば、落ち込んだときでも、お笑い番組を見るという行為を選択することで、楽しい気分になることもあります。

このように、選択理論では自らの行為と思考を選択することで、自分の全行動を直接・間接的にコントロールできると考えます。

落ち込みなどの不快感情もすべて選択している

グラッサー博士が「私は落ち込んでいる」ではなく、「私は落ち込みを選択している」と考えるべきだと述べていることをお話ししました。こう表現すると、「感情は偶然に起こるもので、自分が選択したという自覚はない」という声が聞こえてきそうですが、これは自分の行為や思考のように感情を直接コントロールすることが難しいために感じるものであり、全行動のメカニズムを理解すると間接的にコントロールできることがわかるでしょう。

たとえば、ホラー映画を観るという行為を選択すれば、苦痛や不快感情を感じます。同じように、落ち込みもその原因となる行為と思考を選択している結果と言えます。

そこで、落ち込みや、不快感情を感じている場合は、次のように考えてみましょう。

「私は落ち込み（不快感情）を選択している。この落ち込み（不快感情）を選択することはどのように役立っているだろうか。無益なら、もっと良いことを選択することはできるだろうか」

そして、より良く効果的に自分の基本的欲求を満たせる全行動にしていくことが重要になっていきます。

人が落ち込みを選択する３つの理由

グラッサー博士は人が落ち込みを選択する３つの理由を、以下のように説明しています。

１．怒りを抑えるため

効果的なコントロールが得られない時、私たちは「怒り」という生まれ持った全行動を実行することを考えています。しかし、怒りを選択して行動を起こすと、さまざまなトラブルを引き起こすことになるため、効果的な選択ではないことも知っています。そのため、落ち込みを選択することによって気力がなくなることで、暴力や争いを避けることができます。

２．援助をもらいたいため

落ち込みを選択することで、お願いをすることなく、人に助けを求めることができます。援助を求める最も強力な情報提供であり、多くの人が落ち込みの苦痛にもかかわらず、ほかの人からの援助をもらおうと落ち込みを選択しているからです。ここには相手をコントロールしようという意図が働いていると言えます。

3．逃避するため

　落ち込むことで、したくないこと、恐れていることを、しない言い訳にすることができます。落ち込むことによって、したくないことを見ないようにしているのです。

　グラッサー博士は、これらの落ち込みを選択しないために、見方を変えるか、自分の求めているものを変えるか、自分のしていることを変えるか、いずれかをすることと述べています。

　もし、あなたが仕事の中で、うまくいかないこと、葛藤を抱えていて、不快な感情や生理反応を経験している場合は、まず、全行動の車における前輪、つまり思考と行為という、私たちが直接変えられるものに焦点を当てていくことが大切です。

7 創造性

　人は、上質世界にあるイメージ写真を得るために、「全行動」と言われる思考と行為、感情、生理反応を選択していますが、全行動の結果によって求めているものが得られないと、新しいアイデアを生み出す"創造性"を活用する能力が私たちには備わっています。

創造性が発揮されるメカニズム

　先ほど、人は欲求の衝突によって知恵をつけたと述べました。人間は創造性によって、ビジネス、科学技術、芸術、スポーツなどあらゆる分野において、多くの偉大な発展をつくり出してきたのです。
　たとえば、携帯音楽プレーヤーが生まれたことで、「いつでもどこでも音楽を聴きたい」という新しい欲求が満たされました。すばやく手軽に食べられるゼリー飲料が生まれたことで、「仕事をしながらお腹も満たしたい」という欲求を満たすことができるようになりました。

　選択理論では「私たちは創造性によって、つねに自分がその時最善と考える行動を取ることができている」と考えます。
　たとえば、いつも乗っている電車がトラブルで止まってしまった時、私たちは「どうやって目的地へたどり着こう？」「どのルートなら間に合うだろう？」と新しい行動を考え始めます。このような自分にとって最善と思われる行動を生み出す脳の働きが創造性です。

創造性がつくり出す、効果のないと思える行動

　しかし、一方で創造性がマイナスに働く面もあります。苦痛をもたらす自己破壊的な行動を創造することがあるからです。

　職場で良好な人間関係を得られなかったときや、仕事で失敗してしまったときなどに落ち込んだり、会社に行かなくなったり、暴飲暴食で憂さ晴らしをすることがあります。これも創造性がはたらいた結果です。

　前章で、落ち込みは自ら選択しているとお話ししました。グラッサー博士が３つの理由を挙げている通り、「援助がほしい」「怒って相手と衝突したくない」といった理由で、欲求を満たすための手段として、その人にとっての最善の選択として「落ち込み」が選択されているのです。

　創造性によって選択される行動は、その時の自分にとっての最善の行動でしかなく、客観的に見た善悪などは関係なく選択されます。たとえば、イライラした時に「物にあたる」ことしか知らない人は、その行動を最善と考えて選択します。同じ人が、「カラオケに行けばストレス解消できる」という新しい情報を知った場合、自分にとってより良い選択肢だと思えば、新しい行動を選択できるようになります。

　こうした行動は、本人にとっては苦痛感情がもたらすストレスを回避し、紛らわせるための最善の行動なのです。

　みなさんの身の回りにも、みなさんにとっては理解しがたい方法でストレスを発散する人がいるかもしれません。それは、本人にとっては最善の行動なのです。「嫌だなぁ」と拒絶するのではなく、「そ

の行動によって、この人は何の欲求を満たそうとしているのだろう」「今満たされていない欲求は何だろう」と考えてみることは、相手を理解するために非常に良い手段となります。

職場で創造性を発揮していくために

　職場で起こるさまざまな現象に対して、創造性を発揮していくためには、改めて、自分自身の上質世界を確認していくことが大切です。何をしたいかが明確になれば、その手段を探すために創造システムがはたらき始めるからです。

　たとえば、仕事で「何か良いアイデアはないか」とずっと企画を練っていたものの、結局浮かばず、あきらめて帰宅する、ということもあると思います。すると、帰り道や入浴中のリラックスした時間にふとアイデアがひらめくことがあります。

　これは、創造性が意識していない時にも働いているために起こる現象です。

　ところが「何をしたいのか」、つまり自分の上質世界が明確でないと、創造性がそれを手に入れるためにはたらかず、普段通りの行動を繰り返すだけで、新しいアイデアも生まれません。

　ですから、仕事を通して得たい人生のイメージが明確であるほど、創造性を活用して、より効果的に上質世界にあるものを手に入れられるでしょう。

・自分自身の理想の自己像とは何か。
・働く仲間とどのような状態を保っていきたいか。
・理想の働き方とはどのようなものか。

　こうしたことを常に考え、明確にしましょう。自分自身の求める

姿を明確にすることによって、そこに向かう行為と思考を選択できるからです。

　もうひとつ重要なことは、「常に情報を得る」ことです。創造性は、脳に蓄積された情報の中からしか発揮されません。書籍を読んだり、友人や先輩から話を聞いたりして、情報を蓄積することで、より効果的な行動を生み出せるようになっていきます。

　一方で、仕事では必ずしも自分自身の上質世界のイメージ写真と同じような職務や仕事が与えられるとは限りません。例えば、営業職を希望していたのに、バックオフィスに配属されたという場合です。もし、自分自身が営業で働きたいというイメージを持ち続ける場合は、落ち込みを選択し、仕事のやる気が上がらないという場合もあります。

　このような事態に遭遇したときの対処法は３つあると言われています。

---

① 見方を変える
② 自分の求めているものを変える
③ 自分のしていることを変える

　ここで創造性を発揮する必要が出てきます。先ほどの配属を例に考えてみましょう。

　「見方を変える」とは、「バックオフィスの仕事も、何かの役に立つかもしれない」「この仕事にも面白いところはあるかもしれない」と考えることです。つまり、希望とは違う人事に対しての解釈を変えるということです。

　「自分の求めているものを変える」とは、「営業部で活躍している自分」ではなく、「この会社で活躍する自分や出世する自分」を

求めることです。イメージ写真が貼り替わる（ように努力をする）と言ってもよいでしょう。求めるものを変えることで、いまの部署できちんと結果を出すことが求めているものを手に入れるのに効果的になり、目の前の仕事に対して内発的な動機が生まれます。

「自分のしていることを変える」とは、「落ち込みを選択する」ことから、「将来的に営業部への異動は可能か」と聞いてみたり、「まずは与えられた職務を全うする」という別の行動を選択することです。行動に焦点を当てることで、感情に引きずられなくなったり、新しい情報を得ることができます。

　3つの対処法を講じても「それでもどうしても営業の仕事がしたい」という場合もあるでしょうから、「転職活動をする」という行動の選択肢も考えられます。
　しかし、組織の中で働く場合は、指示・命令系統があり、自分の意向がすべてまかり通る場面だけではありません。
　その時は、コントロールできるものとできないものを区分して、コントロールできるものに焦点を当てていくことによって、快適感情を得ながら仕事をしていけるようになります。自分にできることを試してから転職しても、決して遅くはありません。

　また、仮にこうした部下を抱えている場合、マネジャーにできることは、情報を提供することだけです。部下を変えることはできません。部下の脳の外側にあるものはすべて情報ですから、①見方を変える　②自分の求めているものを変える　③自分のしていることを変える　ことの手助けしかできないのです。
　詳しくはリードマネジメントの章で扱いますが、まずは相手を変

えようとしたり、批判したり、頭ごなしに否定したりせず、穏やかに相手の気持ちや状況を聞くことが重要です。その後で、見方、求めるもの、していること、あるいはその複数を変えることの手助けをしましょう。

8 人間の行動のメカニズム

カラーチャート

　選択理論によって考えられている人間の行動のメカニズムは、次ページにある「**カラーチャート**」という図によって示されています。

　これまでも選択理論の考え方の断片的な知識はお伝えしてきましたが、カラーチャートによって、その全体の関連も理解することができます。

　この章では、情報が脳にどのように取り込まれ、どのように行動を選択していくのかということを、あらたな知識を織り交ぜながら、カラーチャートをもとに説明していきます。

　次ページの図がカラーチャートの全体像です。パーツごとに切り取りながら、何を表しているかを示していきます。

　なお、本検定においては、カラーチャートの詳細な見方や用語の説明を省いている箇所があります。

脳の働

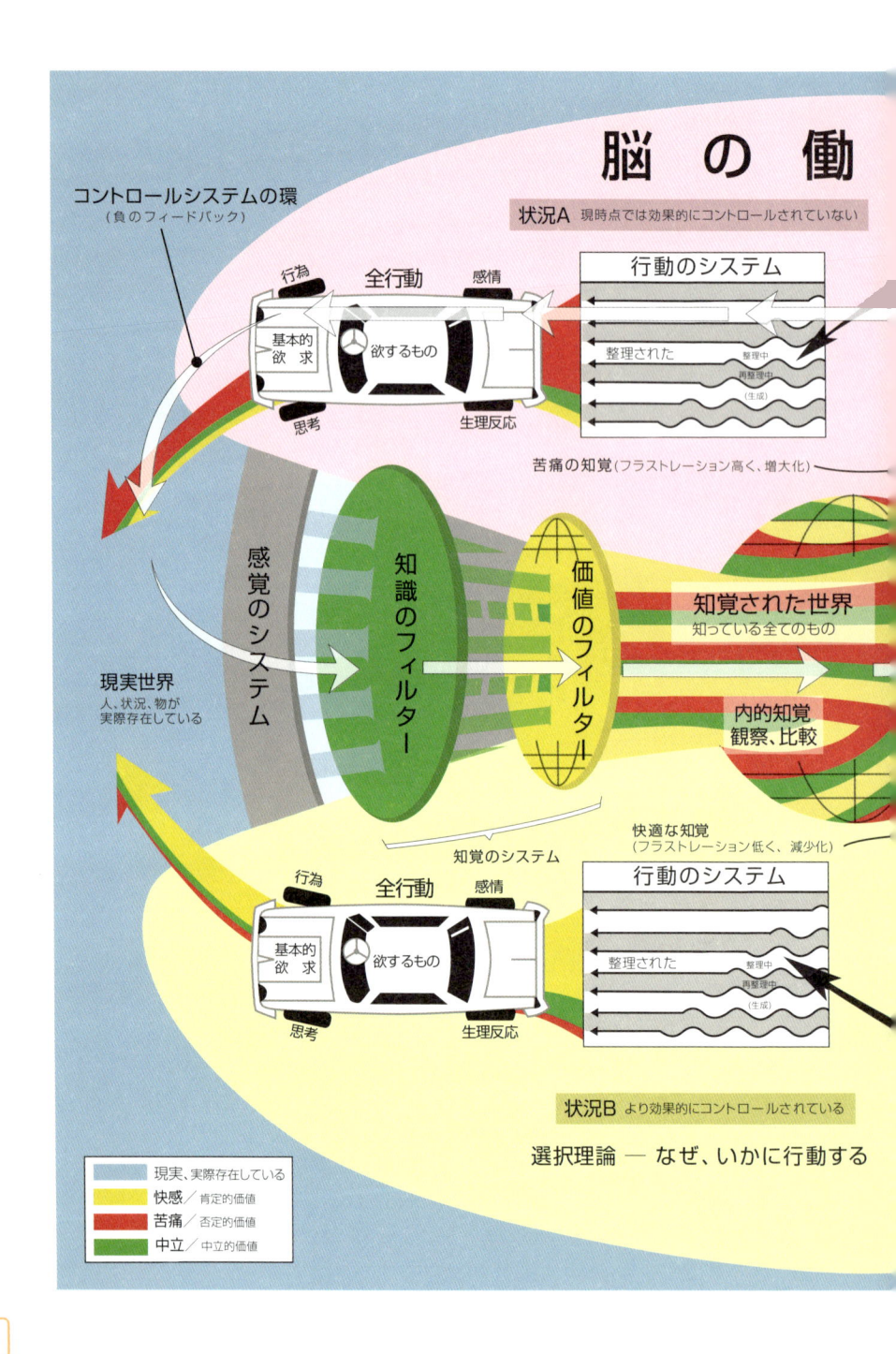

状況A 現時点では効果的にコントロールされていない

コントロールシステムの環
（負のフィードバック）

全行動
- 行為
- 感情
- 基本的欲求
- 欲するもの
- 思考
- 生理反応

行動のシステム
- 整理された
- 整理中
- 再整理中（生成）

苦痛の知覚（フラストレーション高く、増大化）

現実世界
人、状況、物が実際存在している

感覚のシステム → 知識のフィルター → 価値のフィルター → 知覚された世界（知っている全てのもの）

内的知覚
観察、比較

知覚のシステム

快適な知覚（フラストレーション低く、減少化）

全行動
- 行為
- 感情
- 基本的欲求
- 欲するもの
- 思考
- 生理反応

行動のシステム
- 整理された
- 整理中
- 再整理中（生成）

状況B より効果的にコントロールされている

選択理論 ― なぜ、いかに行動する

- 現実、実際存在している
- 快感／肯定的価値
- 苦痛／否定的価値
- 中立／中立的価値

第 1 部　理論編
Theory Part

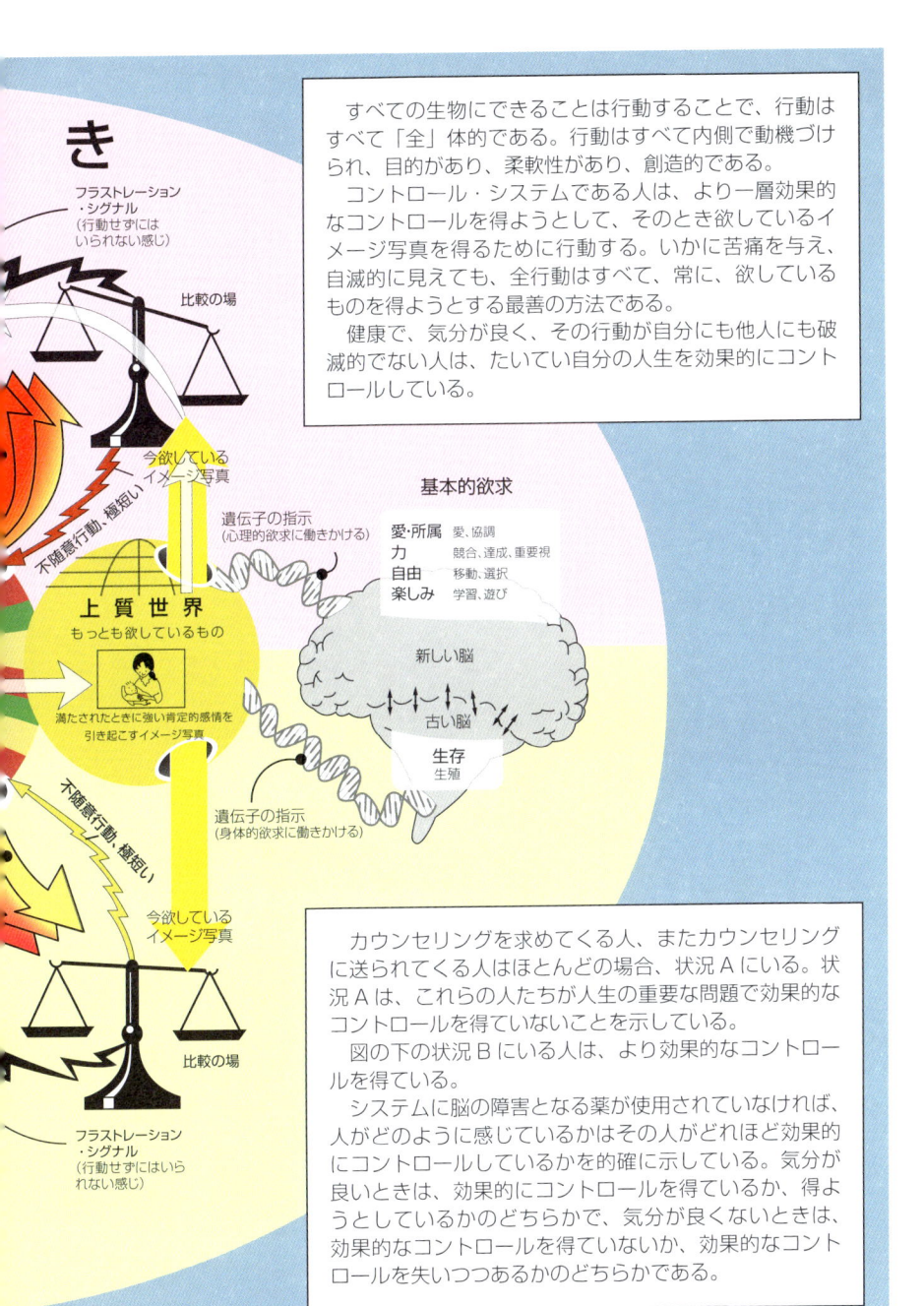

すべての生物にできることは行動することで、行動はすべて「全」体的である。行動はすべて内側で動機づけられ、目的があり、柔軟性があり、創造的である。

コントロール・システムである人は、より一層効果的なコントロールを得ようとして、そのとき欲しているイメージ写真を得るために行動する。いかに苦痛を与え、自滅的に見えても、全行動はすべて、常に、欲しているものを得ようとする最善の方法である。

健康で、気分が良く、その行動が自分にも他人にも破滅的でない人は、たいてい自分の人生を効果的にコントロールしている。

き

フラストレーション・シグナル
(行動せずにはいられない感じ)

比較の場

今欲しているイメージ写真

不随意行動、極短い

上質世界
もっとも欲しているもの
満たされたときに強い肯定的感情を引き起こすイメージ写真

遺伝子の指示
(心理的欲求に働きかける)

基本的欲求

愛・所属	愛、協調
力	競合、達成、重要視
自由	移動、選択
楽しみ	学習、遊び

新しい脳
古い脳
生存
生殖

遺伝子の指示
(身体的欲求に働きかける)

不随意行動、極短い

今欲しているイメージ写真

比較の場

フラストレーション・シグナル
(行動せずにはいられない感じ)

カウンセリングを求めてくる人、またカウンセリングに送られてくる人はほとんどの場合、状況 A にいる。状況 A は、これらの人たちが人生の重要な問題で効果的なコントロールを得ていないことを示している。

図の下の状況 B にいる人は、より効果的なコントロールを得ている。

システムに脳の障害となる薬が使用されていなければ、人がどのように感じているかはその人がどれほど効果的にコントロールしているかを的確に示している。気分が良いときは、効果的にコントロールを得ているか、得ようとしているかのどちらかで、気分が良くないときは、効果的なコントロールを得ていないか、効果的なコントロールを失いつつあるかのどちらかである。

55

情報処理の仕組み；知覚のシステム

　カラーチャートは、大きく上下2つの状況にわかれています。図の上半分の状況Aは現時点で効果的にコントロールされていない状況を、下半分の状況Bは現時点で効果的にコントロールされている状況を示します。人は、現時点で効果的にコントロールされていない状況Aを状況Bに移行させるために、最善の行動を選択していると考えられます。

　カラーチャートにおいては、ひとつの図の中で2つの状況が描かれているので、状況Aおよび状況Bが同時に起こるわけではない点に注意してください。

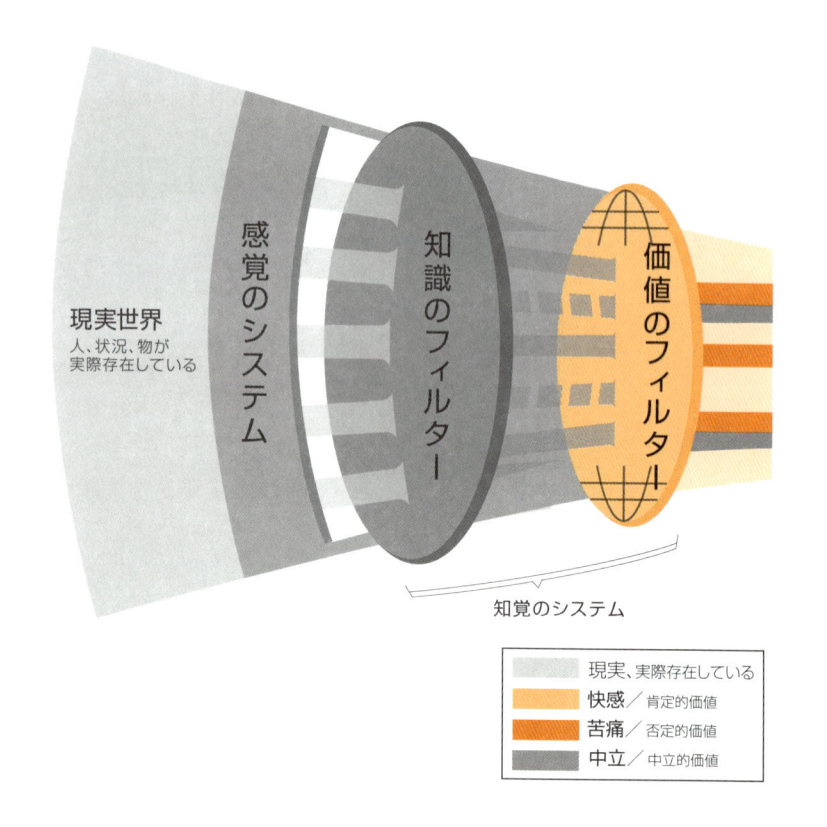

現実世界
人、状況、物が実際存在している

感覚のシステム
知識のフィルター
価値のフィルター

知覚のシステム

- 現実、実際存在している
- **快感**／肯定的価値
- **苦痛**／否定的価値
- **中立**／中立的価値

第 1 部　理論編
Theory Part

　私たちの脳の外側にあることはすべて情報であるということは、すでにお伝えしたとおりです。
　選択理論において、情報をどのように受け取るのか、ということを表したのが左下の部分です。

　現実世界には、大量の情報がありますが、私たちはそれらをすべて知覚(認識)しているわけではありません。
　まず、情報は、私たちの五感が構成する「**感覚のシステム**」を通ります。感覚のシステムで捉えることができない情報は、私たちの脳には入ってきません。例えば、私たちは紫外線を色として知覚することはできません。これは感覚のシステムに紫外線を知覚する機能がないからです。しかし、ある種の昆虫は紫外線を知覚できることが知られています。
　また、「モスキート音」と言われる高音の領域は、若い人には聞こえるものの、年齢を重ねるごとに聞こえづらくなっていくことが知られています。これも感覚のシステムの違いと言えるでしょう。

　感覚のシステムによって捉えられた情報は、「**知識のフィルター**」「**価値のフィルター**」の２つのフィルターを通ります。
　知識のフィルターとは、脳に入る情報を選別するフィルターです。知識のフィルターには、私たちが知っているすべてのものが含まれています。ただし、ここには**肯定的価値**も**否定的価値**も存在しません。知識のフィルターを通過すると、感覚のシステムを通じて得た「感覚」が「知覚」に変化します。（感覚が知覚に変化したことは、カラーチャートにおいて、青色だった情報が緑色になったことによって表されます）

知識のフィルターを通った情報は、以下の３つに分類されます。

（1）知覚したものが何であるか分かり、自分にとって何らかの意味のあるものである（カラーチャートで、知識のフィルターから価値のフィルターにつながる緑の帯として表される）

（2）知覚したものが何かわからないが、自分にとって何らかの意味があると信じるものである（カラーチャートで、知識のフィルターから価値のフィルターにつながる緑の点線で示される）

（3）情報が何であるか知覚しようとしまいと、自分にとって意味のないものである（知識のフィルターから伸び、価値のフィルターに届かずに終息する緑の三角形で示される）

　（3）の情報だけは、注目する必要のないものとして認識から脱落していきます。

　価値のフィルターは、知覚された情報を肯定的価値、否定的価値、中立的価値に区分します。価値のフィルターには、上質世界にあるものがすべて含まれており、「自分の欲しているもの」と比較して、知覚した情報が良いものであれば肯定的価値を、良くないものであれば否定的価値を、どちらでもないものに中立的価値をつけます。

　ここまでの流れを、例を用いてまとめましょう。
　あなたはいま、電車内で友人と携帯電話でメッセージをやりとりしています。
　感覚のシステムからは、電車のガタゴトという音や電車の揺れ、

携帯電話の触り心地、視野の端のほうに入ってくる周囲の人、電車の中の温度や、空気のにおいなど、色々な情報が入ってきます。しかし、そのほとんどは自分にとって価値のない情報であり、あなたの意識は友人から送られてくるメッセージに集中しているはずです。

　例えば、「視界の端に写る周りの人の服の色」といった情報は、視覚という感覚のシステムは通過しています（目に写っています）が、自分にとって意味のない情報であるため、知識のフィルターを通過しても、価値のフィルターまでは到達しません。ほとんど知覚されなかった情報であるため、後からそれが具体的にどんな色だったか、あるいはそもそも周りに人がいたのかどうかという点を思い出すことは困難です。

　「友人からのメッセージ」という情報は、知覚したものが何であるかわかりますから、価値のフィルターに到達します。さらに、そのメッセージが自分の欲するものに合う良いものであれば、肯定的価値をそのメッセージに見出します。逆に、悲しい知らせが届くなど、欲するものに合わないメッセージが届いたとすると、そこに否定的価値を見出します。

　中立的価値は、例えば、「携帯電話のさわり心地」や「電車内の気温」など、知覚されるものの特に問題のない情報です。

　電車に乗っていて、見たことのない大きな建物が少し遠くの視界に入ってきたとします。まだそれが何かわからないため、これが、「知覚したものが何かわからないが、自分にとって何らかの意味があると信じるものである」という状態です。だんだんと近づいてきて、それが最近できた、行ってみたいと思っていた新しい商業施設だとわかると、それを肯定的価値で認識することでしょう。

知識のフィルターと価値のフィルターをあわせて知覚のシステムと呼びます。私たちは、現実世界にある情報の中から、感覚のシステムで感じられるものだけを脳に取り込み、知覚のシステムを通して、情報の選別と価値づけを行います。

知覚された世界

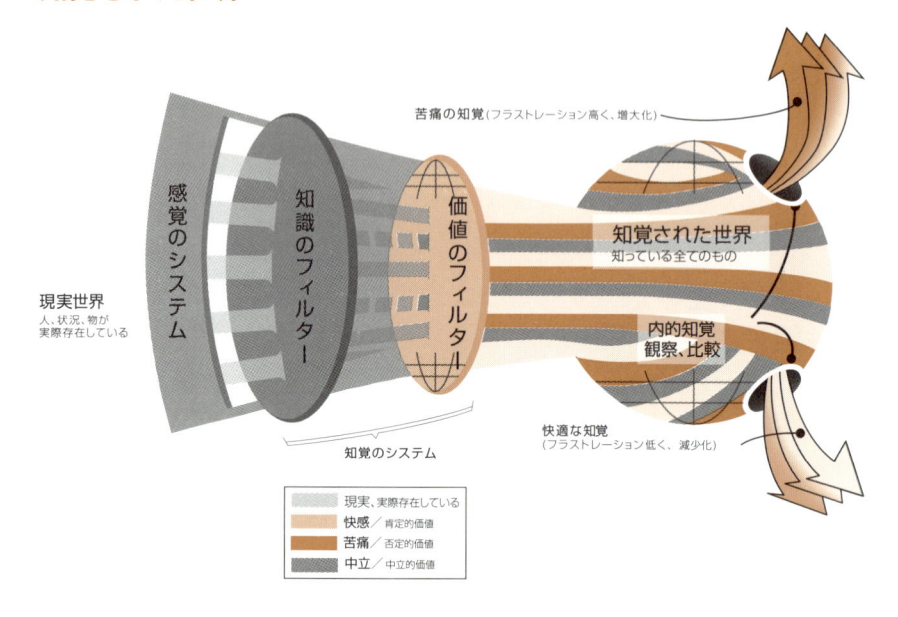

　知覚のシステムを通過し、私たちが知覚したものをすべて含む世界を「**知覚された世界**」と呼びます。ここで重要なことは、多くの人は、脳の外側にある情報と、自分の知覚された世界にある情報を同一のものだと考えているという点です。

　すでに学んだ通り、私たちの外側にある情報は、ひとそれぞれに異なる知覚のシステムを通過して認識されています。ですから、同一の情報を見ていたとしても、知覚された世界にある情報は異なります。

第 1 部　理論編
Theory Part

　仕事においては、最終的には、上司の知覚において評価される必要があることは言うまでもありません。いくら自分なりに頑張ったと思っていても、上司に評価される働き方でなければ評価されません。また、自分の部下に対する知覚が恣意的なものであってはなりません。常に自分の価値フィルターが公正か、また会社の求めている価値観から外れていないかということを**自己評価**しなければならないのです。

比較の場

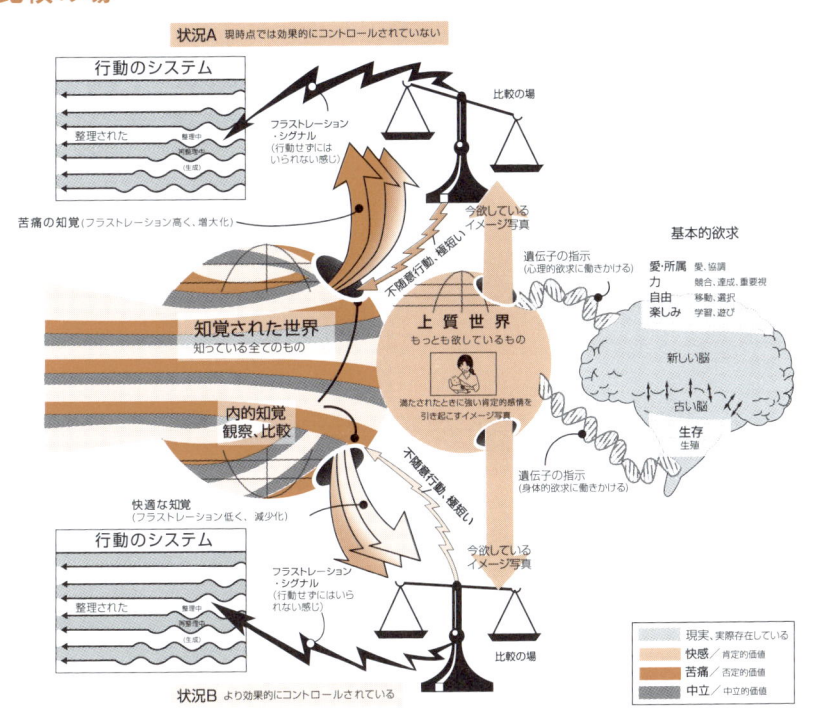

　情報に価値の色づけがなされると、その情報はすぐに**比較の場**で上質世界と比較されます。ここでは状況 A に注目して説明します。

たとえば、コーヒーを飲んだとき、その味の情報が知覚されます。あなたが上質世界に持っているコーヒーの味よりも苦すぎると感じたら、否定的価値を持ち、比較の場で天秤が傾きます。

　「思っていた味と違う」という感覚をもったとき、「うっ」という嫌な感じを一瞬覚えます。これが**不随意行動**です。この嫌な感じは、ほとんど自動的に覚えるものですので、抑えることはできません。ただ、嫌な感覚を覚えたからといって、その後の行動を自分が選択できないわけではありません。

　天秤が傾くと、その状況をコントロールするために何らかの行動を取ろうとします。「行動を起こしなさい」と働きかける信号が**フラストレーション・シグナル**です。フラストレーション・シグナルは、この後説明する行動のシステムを呼び起こし、何らかの行動を取らせようとします。フラストレーション・シグナルは、それ自体に苦痛や快感という感情はなく、「とにかく何か行動したい」という状態をつくります。

行動のシステム

　私たちは、効果的にコントロールできていない状況に直面すると、そのときの自分にとって最善の行動を選択します。この行動のシステムは、前述のとおり、フラストレーション・シグナルによって呼び起こされます。

　行動の選択において、私たちはまず「整理された」行動から行動を選択しようとします。**整理された行動**とは、今まで行った経験があり、効果があったものです。

　たとえば、ここではコーヒーにミルクを入れるといった行動を選択するということです。いつもしていることなので、結果が予測できますから、すぐに最善の行動として呼び出すことができます。

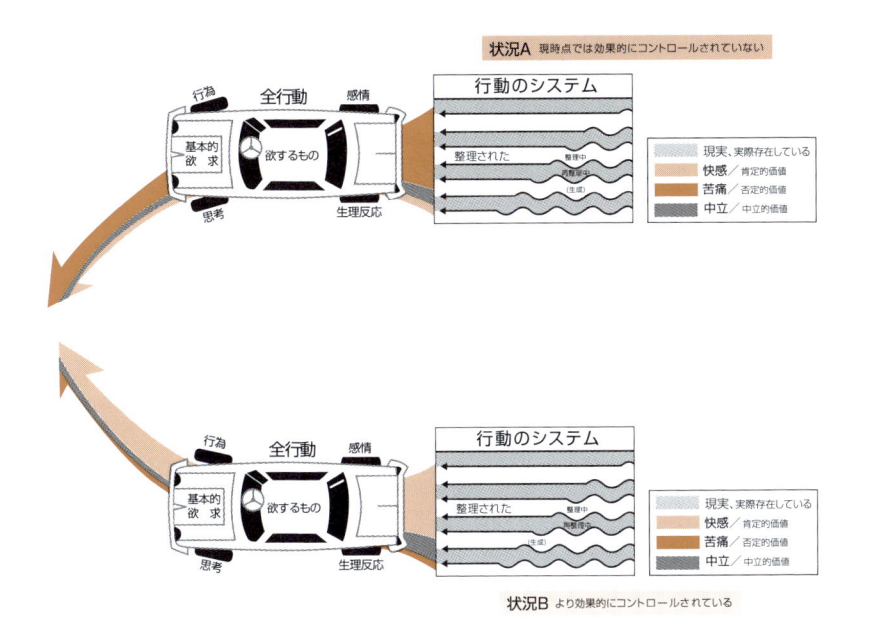

第 1 部　理論編
THEORY PART

状況A　現時点では効果的にコントロールされていない

状況B　より効果的にコントロールされている

　仮に偶然ミルクが切れていて、整理された行動を選択できなかったときには、「再整理」というステップを経て、新しい行動を生み出そうとします。
　たとえば、普段は入れない砂糖を入れて味を変えてみようとか、クッキーやキャラメルなどを食べながら飲んで味をごまかそうとか、新しい、最善と思われる行動を作り出します。
　新しい行動は、一度使えば整理された行動になりますので、同じ状況が起こった時には呼び出される可能性があります。
　この整理された行動や、再整理による新たな行動の創出が、創造システムと呼ばれるものの正体です。
　なお、この創造システムは、実際には意識せずとも常に働いています。オフィスでどうしても出てこなかった良い企画が、家でお風呂に入っているときにふと思いつく、といったことは皆さんも経験

があると思いますが、これは無意識のうちに創造システムがはたらいているためと考えられます。
　この行動のシステムで選択された行動は、最終的に全行動となり、実行に移されます。

コントロールシステムの環
　さきほどのコーヒーの例のように、効果的にコントロールされていない状況において、私たちは何らかの行動を選択し、状況をコントロールしようとします。
　苦すぎるコーヒーは状況Aに入りますが、ミルクを入れるという全行動を選択し、もう一度飲むと、新しい味が知覚のシステムを通り、新たに価値付けされます。
　その味が上質世界にあるものに沿えば、肯定的価値をもつ情報として知覚され、状況Bに移ります。まだ苦いと感じるならば、ミルクを足したり、新たな行動を選択したりすることで、上質世界にあるコーヒーに近づけようと努力します。
　私たちは、状況を効果的にコントロールできるよう、情報の取得と行動の選択をしつづけていきます。これが**コントロールシステムの環**と呼ばれるものです。

　繰り返しになりますが、私たちの行動の選択は、その時の自分にとっての最善の選択にすぎません。それが効果的でない場合、本人がどんなに努力をしても、状況を効果的にコントロールすることができないということも考えられます。
　職場において、部下がそのような状況に陥っている場合には、リードマネジメント的アプローチを用い、適切に情報提供していくことが必要になります。

9 選択理論のまとめ

刺激反応理論	選択理論
①知覚する現実は皆にとって同じ	①知覚する現実は人によって違う
②人は皆同じ願望をもっている	②人はそれぞれ違った願望をもっている
③同じ見方をするように、人を変えようとする	③他人の見方を理解しようとする
④問題行動は誤りである	④すべての行動には目的がある　人は最善を尽くしている
⑤他人が私を変えることができる	⑤私だけが私を変えることができる
⑥人は他人を直接、変えることができる	⑥人は他人を直接変えることはできない
⑦説得に失敗すると強制する	⑦話し合って良い方法を見つける
⑧勝つか、負けるか	⑧双方勝利

第2部

リード
マネジメント編

LEAD MANAGEMENT
PART

1 リードマネジメントとは

マネジメントとは

　リードマネジメントは、その名の通り、職場におけるマネジメントの手法のひとつです。では、そもそも「マネジメント」とは何でしょうか。

　まずは辞書的な定義をみてみましょう。

> management［名］
> 1）（事業・金などの）管理, 経営；取扱い, 操縦
> 2）（人などに対する）管理［操縦］手腕；処理能力；術策
> 3）（特定の会社・施設の）経営［管理］者たち；［通例 the 〜；集合的に；単数・複数扱い］（労働者に対して）経営陣, 資本家側
>
> （『ジーニアス英和辞典』大修館書店より抜粋）

　一般的に、マネジメントとは「人を介して仕事をする技術」と言われています。

　ですから、マネジメントとは、事業の目的を達成するために、人や、お金（予算）や、資源を管理することと言えそうです。もう少しかみ砕けば、「組織の責任者として、その組織の目標達成のために尽力すること」がマネジメントという言葉の持つ意味合いと言えるでしょう。組織の中でマネジメントされる立場の人は、通常自分の仕事にしか責任を持ちませんが、マネジメントする側の人は、組

織全体の仕事の成果に責任を持たなければなりません。

　グラッサー博士も影響を受けた、アメリカの経営学者エドワーズ・デミング博士は、組織におけるマネジャーの責任を以下のように述べています。

１）一貫した目的、組織の継続性を明確にする責任がある。
　　部下に明るい将来があることを示す責任がある。
２）部下は、システムの中で働いている。マネジャーはシステムを通じて、最低のコストで最高の品質を生み出さなければならない。マネジャーはシステムを改善し続ける責任がある。マネジャー以外にシステムを改善する責任のある人はいない。

ボスマネジメントとは

　マネジメントの役割として、資本主義社会を前提とした現在の会社組織においては、一般にはまず組織の存続が求められます。つまり、収益を上げるということです。
　しかし、売上や収益を重視するあまり、上司が威圧的であったり、外的コントロールを使ったりしてしまうことによって、職場の人間関係が破壊されてしまうことがあります。外的コントロールを基盤としたマネジメントを、**ボスマネジメント**と言います。
　ボスマネジメントの職場では、外的コントロールによって一時的に業績が上向いたとしても、従業員のモチベーションは上がらず、会社や組織に対する帰属意識も上がりません。そのような組織において、従業員は「やらされるだけ」となり、お客様ではなく、上司の顔を見て仕事をするようになります。もっとひどければ、上司と

部下が敵対的な関係に陥ります。こうした組織において、従業員は最低限の仕事しかしません。仕事の質は落ち、結果として、業績は再び下降してしまいます。

　結果として、組織は、長期的な業績を維持することが難しくなっていきます。

　独立行政法人である労働政策研究・研修機構によると、仕事に対する意欲を高める上で重要なこととして、良好な人間関係があげられたという調査結果があります。

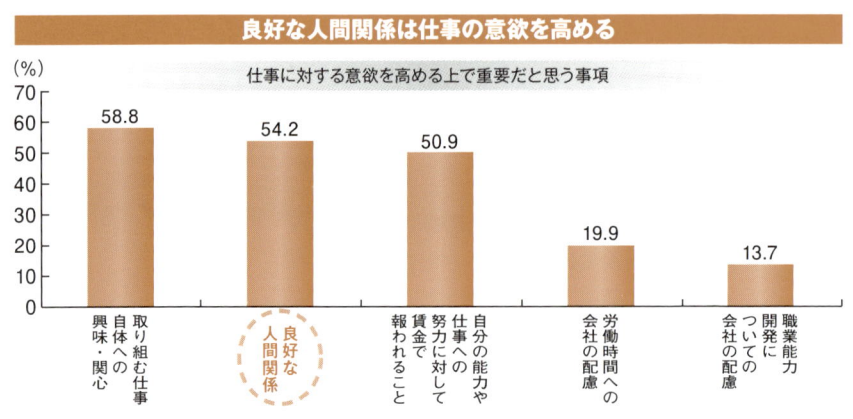

良好な人間関係は仕事の意欲を高める

仕事に対する意欲を高める上で重要だと思う事項

項目	割合(%)
取り組む仕事自体への興味・関心	58.8
良好な人間関係	54.2
自分の能力や仕事への努力に対して賃金で報われること	50.9
労働時間への会社の配慮	19.9
職業能力開発についての会社の配慮	13.7

（備考）1．独立行政法人労働政策研究・研修機構「多様化する就業形態の下での人事戦略と労働者の意識に関する調査（従業員調査）」（2006年）により作成。
　　　　2．「仕事に対する意欲を高める上で重要だと思うものは何ですか。」（複数回答）という問に対する回答者の割合を示したもの。
　　　　3．回答者は、全国の従業員数30人以上の事務所で働く労働者5,704人。

　また、法政大学大学院政策創造研究科の坂本光司教授を中心とした法政大学大学院中小企業経営研究所と、アイエヌジー思いやり経営実践研究会が、中小企業約600社に対して調査した結果によると、過去5年間の業績が好調な企業ほど、勤労意欲も高いという集計結果が出ています。

リードマネジメントとは

　リードマネジメントとは、選択理論を職場におけるマネジメントに応用した手法のことです。

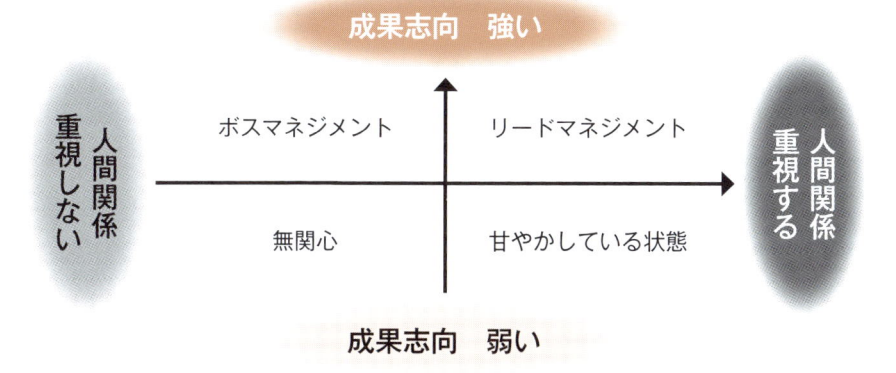

　リードマネジメントを用いれば、仕事によって社員は自らの欲求を充足することができると確信し、それによって、社員は主体的に仕事に取り組むようになり、結果として生産性が向上します。

　現代のマネジメントは、前述の通り成果至上主義に陥りがちで、人間関係が二の次にされてしまうことがあります。

　リードマネジメントは、選択理論を用いて、成果と人間関係の調和を目指します。ただし、リードマネジメントは、人間関係のみを重視するマネジメントではありません。リードマネジメントにおいても、組織が生み出す成果は非常に重要ですし、成果がでなければ、会社であれば倒産してしまうことも当然あり得ます。「人間関係を壊さないように慎重になりすぎて、甘やかしてしまうマネジメント」とは根本的に異なり、ある面では部下に自立を求める厳しい考え方でもあります。

リードマネジメントとボスマネジメント

	成果志向　強い	
ボスマネジメント		リードマネジメント
人間関係重視しない		人間関係重視する
無関心		甘やかしている状態
	成果志向　弱い	

たとえば、仕事で失敗してしまった部下に対して、それぞれの上司がどのように声をかけるかを考えて、リード・マネジメントとボス・マネジメントの違いを見てみましょう。

ボスマネジメントの上司
「なんでこんな失敗をしたんだ」「次やったらおまえの席はないと思え」
ボスマネジメントの上司は、結果に焦点を当て、責めたり、脅したりすることによって次回以降の改善を図ろうとします。

リードマネジメントの上司
「うまくいったところと、うまくいかなかったところを考えよう」
「もしもう一度やるとしたら、どうしたらうまく行くと思う？」
リードマネジメントの上司は、プロセスに焦点をあて、事実を直視させますが、メンバーの成長を常に念頭に置きます。決して攻撃的な言葉遣いはしません。

甘やかしている状態の上司
「（特に原因の詳しい究明をせずに）まぁ、しかたないよ」
甘やかすマネジャーは、自分が部下から嫌われないことが最大の目的であり、仕事の結果や改善に考えが回っていません。そのため、部下に対して事実を直視させたり、反省を促すことができません。

無関心のマネジャーは、きちんと声をかけるかすらわかりません。

それぞれのマネジメントの違いがイメージできましたでしょうか？

2 リードマネジメントの基本原則

グラッサー博士の３項目

　リードマネジメントを進める上で、グラッサー博士は以下の３つの項目を基礎的な考えとして提示しています。

> １）クオリティ（上質）を追求する
> ２）他者評価でなく自己評価をうながす
> ３）強制をしない
> 　　職場から恐れをなくす

　リードマネジメントを行う「リードマネジャー」は、常にクオリティを追求しなければなりません。
　これはもちろん、商品や製品、サービスの品質のことを指します。コストの削減は重要ですが、それだけを追求して商品の品質を落としてしまっては本末転倒です。
　また、メンバーを管理する上では、自己評価がキーワードとなります。部下の仕事の質を自分（上司）が評価することを他者評価と言うのに対し、自己評価は、部下が、自分で自分の仕事の品質を評価します。
　ここで、「他者評価でなければ、部下同士の評価の平等性が担保できないのではないか？」「あるいは自分に甘い部下のほうが昇進が早まってしまうのではないか？」といった懸念を持たれる方もいらっしゃるかもしれませんが、そうではありません。

まず、他者評価の最大の問題点は、評価に対して納得性がない点です。結果だけが評価され、評価基準がわからないことが多いため、上司側では平等に評価しているつもりでも、評価される側には不満が募っていることが多くあります。実際に仕事ができる部下がいたので、目をかけていたにも関わらず、ほかの部下は「あいつは上司に取り入るのがうまいから、評価が高いのだ」とひがむケースはいくらでもあります。

　これに対して、自己評価のマネジメントでは、まず部下に自分の仕事を振り返らせ、自分自身で考えさせます。このとき、最低限求められる基準については上司から伝えることになります。

上質とは

　グラッサー博士は、「上質（Quality）とは上質世界に入るものである」と定義しています。より具体的には、以下のような要素が含まれています。

1、温かい人間関係の中で生まれる
2、強制のないところから生まれる
3、自己評価から生まれる
4、そのとき最善のもの
5、いつでも改善できるもの
6、役立つもの
7、気分の良いもの（しかし、破壊的でないもの）

出典：日本リアリティセラピー協会
(http://www.choicetheorist.com/refer_qschool.html)

　「上質」の７つの要素のうち、最初の３つは「前提条件」です。

冷えきった人間関係や、何かを強制される環境や、評価基準を押し付けられる環境では、上質と呼べる結果は生まれません。それは、お互いに外的コントロールを使わない、協力的な人間関係が不可欠であり、各自が自発的に努力を重ねる中から生まれてきます。
　後半の４つが「上質の条件」です。
　「上質」とは、絶対的あるいは客観的な判断による最高のものを意味するわけではありません。あくまで、「そのときの最善」であることが重要です。例えば、最高のものだけが上質であるとするならば、野球の世界において上質な取り組みをしたと言えるのは、プロ野球の優勝チームだけです。しかし、選択理論では、例えば地域の子どもの野球チームでも、最善を尽くし、全力を尽くして戦ったならば、結果的に負けたとしても、上質な取り組みだったと考えます。選択理論やリードマネジメントにおいて、勝者は必ずしもひとりではありません。
　ただし、選択理論では常に改善が求められます。最終結果がどうあれ、次にやる時は常に前回より少しでも良いものを目指します。これは上質の重要な要素です。逆に言えば、例え良い結果であったとしても、その人が最善の努力をしていなかったり、次に向けて改善をしたりしていなければ、上質な取り組みとは言えません。
　例えば、数学のあまり得意でない生徒がいたとします。その生徒は十分な努力をして、テストで良い成績を収めました。これは上質な取り組みといえます。次のテストでは努力を怠ったものの、前回の努力の貯金で引き続き高成績を取ることができました。しかし、これは上質な取り組みとはいえません。
　「役立つもの」とは、例えば、仕事の時間を使って、仕事と全く関係のない、素晴らしい絵を描いたとしても、上質とは言えないということです。

「気分が良いもの（しかし、破壊的でないもの）」とは、その取り組みによって気分が良くなる（達成感がある、充実感がある、気持ちが良いといったこと）は大事ですが、他者の欲求充足を妨げるようなものではいけないということです。

リードマネジメントの4つの基本的要素
1）リーダーは、仕事の成果の基準と必要な時間について部下に話し合ってもらい、その意見をとり入れる。部下の技術と欲求が適材適所であるか常に確かめる。
2）リーダーは仕事の手本を示し、期待する成果の基準を部下に正確に理解してもらう。そしてどうしたらもっとよくできるか、たえず部下の意見を求める。
3）部下自身に自分の仕事の質を確認し、評価してもらう。部下はリーダーが自分たちの知識を信頼し、言うことに耳を傾けてくれると確認している。
4）リーダーは促進者である。部下に仕事のための最高の道具と職場を与え、強制のない雰囲気を提供するために、可能なことをすべて実行していることを示す。

リードマネジャーに至る2ステップ

	ボスマネジメントの段階	リードマネジメントの移行段階	リードマネジメントの段階
マネジメントスタイル	外的コントロール	外的コントロール	選択理論
使用言語	外的コントロール	選択理論	選択理論

ボスマネジャーがリードマネジャーへと成長していく過程では、先に言葉が選択理論的に変化します。

　この段階では、選択理論的な言葉を使っていますから、一見リードマネジメント的に見えますが、その背景には、まだ部下を思い通りにしたいといった、外的コントロールの考えが抜けていません。仕事の価値を語ったり、相手のキャリアなど、欲求や上質世界に働きかけようとしますが、まだ、それが相手を動かすための手段になってしまっています。

　さらに成長することで、マネジメントスタイルまでもが選択理論的に変わっていきます。「相手を変えることはできない」ということが本当に理解されると、言葉と行動の一致した素晴らしいリードマネジャーになれることでしょう。

3 リードマネジメントの効果（概要）

リードマネジメントの8要素

　リードマネジメントには、8つの要素があると考えられています。かつては、これらの要素は「8つのステップ」として、順番を追うように説明されていましたが、今は、必ずしも順序があるという説明はなされていません。

1．支援的な人間関係をつくり上げる
2．事実を話し合う
3．部下に自分の仕事を評価してもらう
4．改善計画を取り決める
5．しっかりした決意を取り付ける
6．言い訳を受け入れず、仕事の話を進める
7．罰したり、批判したりせず、責任を自覚させる
8．簡単に部下のことをあきらめない

さかさま理論

　物事がうまくいかなくなると、多くのリーダーが効果的でない行動を選択してしまいがちです。なすべきこととは正反対のことをしてしまうので、これを**さかさま理論**と呼びます。
　例えば、部下が失敗した時に、多くのリーダーは過去の失敗を蒸し返し、「お前はいつもこうだ」「以前も同じミスをしたよな」などと指摘してしまいます。しかし、本来効果的な行動は、「いつ、ど

のように考え、行動したのか」という、事実についての話し合いのはずです。感情的な議論を取り除き、事実を話し合うことによって、上司と部下の間で失敗の原因の認識を一致させ、一緒に改善の方法を考えることができます。

　また、部下が育たないと言って悩んでいるリーダーが、「成長させるために、仕事を任せてみよう」と思いたち、やり方を教えることなく急に多くの仕事を与え、部下に任せっきりにしてしまうといったこともよくあります。

　部下を育てるために仕事を任せることは良いことですが、定期的に仕事の進捗を確認し、困っていることはないか、聞きたいことはないかと問いかけながら、部下を援助する姿勢を常に持ち続けなければなりません。

　さかさま理論は、リーダーの行動を自己評価する上でのひとつの例にすぎませんが、部下にとって効果的な行動を取れているか、常に振り返ることが求められます。

弾み車の概念

　弾み車の概念は、有能な部下とそうでない部下が二極化していく理由を示しています。

　私たちは、成功を経験すると、弾み車が徐々に加速します。逆に、失敗をすると弾み車にブレーキがかかります。

　たくさんの成功を経験し、「勝ち癖」のついた部下は、勢いにのってさらに成功を重ねていきます。逆に、失敗が続くと、弾み車はどんどん遅くなり、ついには止まってしまいます。弾み車がとても遅い、ないしは止まってしまった人は、精神的にも非常に弱くなっている状態と考えることができます。

組織においては、弾み車の遅い人、止まってしまった人がリーダーの立場に立つことはあってはなりません。そのプロジェクトは高い確率で失敗に終わります。

　部下を育てる上では、弾み車を少しずつでも加速できるよう、小さな成功体験を積み重ねられるように導くことが重要です。また、大きなチャレンジをさせ、大きな成功を経験すると、その経験は弾み車を長い間動かし続けてくれます。
　弾み車にある程度勢いがついている人は、多少の失敗を経験してブレーキがかかっても、勢いは衰えません。ですから、たくさんのチャレンジができます。
　弾み車が遅い人は、少しの失敗が致命傷となるかもしれません。まだ自分に自信がない部下がいるとしたら、まずは小さな成功体験を積ませることが一番です。

4 リードマネジメントの要素
①良好な人間関係をつくる

要素１：良好な人間関係

　部下との関わりの基本は、良好な人間関係をつくることにあります。良い人間関係がなければ、いかなる指導も、援助の申し出も、アドバイスも、「あなたに言われたくない」と思われてしまい、徒労に終わります。

　部下が前向きで、部下の側も良い人間関係を作りたいと願っている場合は、良好な人間関係を築くことはさほど難しくありません。しかし、部下が問題を抱えている場合、それを受容し、人間関係を築くことは、その部下を諦めてしまうことよりも難しく、粘り強さが求められます。

人間関係の木を育てる

　部下との人間関係は、ゆっくり植物を育てるようなイメージで捉えましょう。毎日水をやり、徐々に育てていきます。しっかりと育っていれば、問題が起きて、いくつかの葉が落ちてしまったとしても、枯れることはありません。

　しかし、毎日の手入れを怠り、人間関係が育っていないと、いざ問題が起きて、葉が落ちてしまったときに、人間関係の木は枯れ、関係が壊れてしまいます。

　ですから、毎日とまで行かなくとも、週に１度は少しでも時間を割いて、部下のよくやっているところを認めることが重要です。

良好な人間関係をつくる13の方策
（1）認め方を学ぶ

　部下のよくやっていることを励ましたり、認めたりすることは非常に重要ですが、どのように言葉をかけるかという点にも気を配る必要があります。

　例えば、同じ「最近、頭角を表してきたじゃないか」という言葉をかけても、喜ぶ部下もいれば、「いままでは違うのか」と捉えてしまう部下もいます。どのような言葉をかけると相手が喜ぶかという点は、普段からよく部下を観察することが重要です。

（2）時間をかける

　部下との時間を惜しんではいけません。部下の育成は最重要事項であり、自分の仕事が忙しくとも、部下をないがしろにしてはいけません。

　また、部下がひと晩にして、突然成果を出し始めるということも期待してはいけません。ゆっくりと時間をかけて、徐々に成果が出るように変化していきます。

　特に、もともと優秀で、とんとん拍子で昇格してきたような上司は、自分と同じ能力をどの部下にも求めてしまうと、窮屈な印象を与えてしまうことがあります。

（3）危機や問題状況の真っ最中に対決しない

　「お客様からクレームを受けた」といった問題が起こった時、部下がその解決に奔走している途中に呼び止めて、アドバイスをしたり、指導をすることは避けるべきです。

　それが外的コントロールの言葉でなくとも、部下にとって

の最優先事項は問題の解決であり、それどころではありません。問題が終息したら、きちんと時間を取って、問題について話し合いましょう。

（4）聞く気がないのに質問しない

部下に意見を聞くことは重要ですが、「聞くふり」だけであれば、聞かないほうがまだましです。

たとえば、部下にとっては「新しい商品の案、どう思う？」と上司に聞かれて答えたにもかかわらず、全くその案が反映されていないと、何のための質問だったのかとがっかりします。検討の結果不採用になった場合でも、アイデアを出してくれたお礼を伝え、「今回はこういう理由で、別の案になった」ということをきちんと伝えましょう。

（5）敬意を払う

部下であっても一人の人間であり、上司の所有物ではありません。使い走りのような仕事をさせるようなことも避けましょう。

（6）他の人の前で批判したり、叱りつけない

部下がミスをしたときに、思わず他の人がいる前で叱ってしまう人がいますが、これは部下の自尊心を傷つけるだけで、反省を促すといった効果はないと言って良いでしょう。恥をかかせることで改善を促すといった方策は避けるのが賢明です。

逆に、良い点を指摘したり、励ますことは積極的に他の人の前で行うべきです。大勢の前で承認を受けることにより、

部下の力の欲求が満たされます。

　フィードバックすべきことがあれば個別に行い、良いことは大勢の前で認めることを心がけましょう。

（7）良質な時間を与える

　部下が集中して仕事できる環境が整っているでしょうか。上司の都合ばかり優先して、作業をたびたび中断させることがないでしょうか。

　良い仕事をするためには、そのための環境が必要です。あなたにとっても必要であることと同じように、部下にとっても良質な時間を用意してあげましょう。

（8）仕事を楽しくする

　部下にとって、仕事をしている時間は気分の良いものでしょうか。単純作業の多い仕事を与えているとしても、仕事のどこかに、自分のやりがいや、組織に対する貢献を実感できるような時間はあるでしょうか。

　また、ただやらされているだけでなく、仕事によって欲求が満たされることで、仕事に対するモチベーションが維持されます。

（9）部下の信頼を得、緊密な関係を保つ

　部下の信頼を得るためには、
①あなたの言っていることとやっていることが一致している
②会社の理念や目指す方向性から一貫したことを伝えている
③仕事のスキルだけでなく、勤務態度や人間性の面でも尊敬できる

といった要素が必要です。朝令暮改型の上司や、部下よりも高いスキルがあっても、人間的に尊敬できない上司は部下からの信頼を得られません。また、会社の目指す方向と違うことを指示する上司も、部下を迷わせるだけで、益はありません。

(10) 失敗があっても大騒ぎしない

誰にも失敗はつきものです。部下が期待に応えられなかったとき、それを責めたくなる気持ちは抑えなければなりません。騒いでも、部下を傷つけるだけで、良いことはありません。

(11) 向こう傷はとがめない

前向きにチャレンジした上での失敗や、最善を尽くした結果の失敗は、とがめる必要はありません。むしろ、その努力を称え、失敗を次に生かせるように、事実に基づいた振り返りの時間を取りましょう。

(12) 批判しない

リードマネジャーは、部下に対して愛情を持って接します。部下を批判することは、部下と敵対関係をつくってしまい、良質な人間関係の構築には役立ちません。

すべての部下が賞賛に値する部下ではないかもしれません。しかし、誠実さとあたたかい思いやりをもって接するべきです。それは職場の雰囲気作りにもプラスに働きます。

(13) 部下との間に溝をつくらない。部下との心の距離を常に意識して、縮める努力をする

問題行動を起こす部下に対しては、諦めた方が楽だという気持ちが芽生えるかもしれません。しかし、リードマネジャーに求められるのは我慢強さです。我慢強さとは、「部下よりも少しだけ長く辛抱すること」です。「この行動は部下との距離を縮めるだろうか、広げるだろうか」という問いかけを常に自分に行い、部下との距離を縮める努力をしましょう。あなたが愛情を持って接し続ければ、いつか努力が実を結ぶはずです。

5 リードマネジメントの要素 ②事実の話し合い / ③評価の質問

要素2：事実の話し合い

　リードマネジメントの第2のステップは、事実の話し合いです。感情論ではなく、事実を共有することで、次の評価の質問の準備をすることができます。
　しかし、事実であれば何でもよいわけではありません。
　ここで、気持ちを損なうことなく事実の話し合いを行うための2つの規則を示します。

> 1）過去の問題に触れない
> 2）感情に焦点をあてない

　まず、過去に起こった出来事や問題は、確かに事実ではありますが、人の記憶はあいまいなものであり、過去の出来事で意見が一致することはないと認識したほうが賢明です。
　ですから、常に現在の問題に焦点をあてます。現在の問題であれば、記憶が鮮明ですから、「誰が・いつ・何をした」ということをはっきりと確認することができます。

　感情についても話し合うことは避けるべきです。
　しかし、感情を問題にしないことは、そう簡単なことではありません。問題を話させると、誰かを批判したり、攻撃的な口調になったりすることがありますが、あくまで穏やかに話し合うことが、冷

静さを保つ秘訣です。

　最終的な目的は、誰が悪かったかという犯人捜しやあら探しではなく、「現在の行動の修正が可能かどうか」を検証することにあります。ですから、ほかの誰かを攻撃することも、あら探しをすることも効果的ではありません。

　どうしても部下が感情について話したい場合は、ごく短時間だけ話させてもかまいません。このときは、言うことをあからさまに否定せず、きちんと聞くことが重要です。さもなければ、部下はさらに感情を爆発させてしまいます。

要素３：部下に自己評価させる

　事実を確認したあとは、部下に、今していることが目標の達成に本当に役立っているのか訪ねます。

　ここでのポイントは２つです。

> １）問い詰めるような言い方にならないよう、穏やかに聞く
> ２）していること、つまり行為に焦点をあてて尋ねる

　たとえば、月末の締めまで１週間と迫っていながら、目標達成のめどが立っていないにもかかわらず、業務中もぼおっとしているような部下がいたとします。どのように自己評価を促すのが良いでしょうか。

> **悪い例**
> 「○○さん、ちょっといいかな」
> 「はい、なんでしょうか」

> 「今月の締めまで、あと1週間だぞ」
> 「はい」
> 「ぼぉっとしていたけれど、このままだと目標に全然届かないぞ、わかってるのか？」
> 「すみません」
> 「先月もお前は未達成だったよな、あのとき『来月はがんばります』と言っていたのをもう忘れたのか？」
> 「いえ、あのう……」
> 「言い訳はいいんだよ、気合い入れてやれよ、わかったか」
> 「はい……」

　この例では、攻撃的な口調や、感情的で一方的なコミュニケーションであることはもちろん、具体的に何をすべきかを指導することなく、「気合いを入れろ」といった根性論だけで終わっている点が問題といえます。

良い例

> 「○○さん、ちょっといいかな」
> 「はい、何でしょうか」
> 「今月の締めまで、あと1週間なのだけれど、目標の進捗はどう？」
> 「はい、何とかなると思います」
> 「そうか、もう少し具体的に、どのくらい進捗しているか聞いてもいいかな」
> 「ええと、今月の目標が売り上げ100万円に対して、今は50万円です」（知っていたとしても、本人に事実を確認させることが大切）

「そうか、ありがとう。残り1週間、どんな予定か教えてもらえる？」
「ええと、今決めているところです」
「なるほど、じゃあ、たとえば今日は何をするつもりだったのかな？」
「そうですね、見込みのありそうなところにいくつか電話をかけるくらいでしょうか」
「その電話は、もうかけたの？」
「いえ、まだです」
「そうか。さっきも、何をして良いかわからない様子だったように思うけれど、このまま行ったら、目標には届きそうかな？」
「うーん、ちょっと自信がないです」
「何か困っていることはある？」
「実は、見込みのお客様がなかなか増えなくて…」
「そうか、今からでも相談に乗れるけど、どうしたい？」
「相談に乗っていただけますか、よろしくお願いします」

　穏やかな口調で、協力的な姿勢を貫きます。事実の確認も、あなたが事実を提示しすぎると、問い詰められている印象を与えがちですから、質問をして本人に答えてもらうのが効果的です。そのようにしたほうが、本人がどのくらい事実を認識しているかを確認することもできます。
　改善計画については次の項目で詳しく触れますが、本人に行動してもらうことは、「内発的動機付け」という観点からもおすすめです。

6 リードマネジメントの要素
④改善計画／⑤実行の決意

第2部　リードマネジメント編
LEAD MANAGEMENT PART

要素４：改善計画

　事実を確認し、それを自己評価してもらったら、改善に向けての話し合いを行っていきます。
　仕事の改善に向けて行動を変えることで、結果が上向くという直接的な効果はもちろん、力の欲求が満たされ、満足感が得られるという効果があります。弾み車の理論で言えば、弾み車が加速します。

改善計画の基本原則
（１）具体的であること

　　　改善計画でもっとも重要なことは、具体的であることです。「いつ」「誰が」「誰に・何に」「どこで」「どうやって」「どうする」かを、部下が自分が実行しているところをイメージできるくらいに具体化すると、実現に大きく近づきます。

（２）すぐに立てること

　　　問題が起こってから、ないしは問題を認識してから改善計画を立てるまでは、早ければ早いほど良い結果を生みます。問題が起こっているにもかかわらず、「いま忙しいから後で」という対応は、出来る限り避けるべきです。

（３）進捗確認の日時を決めること

　　　実際に行動に移したあと、さらに予期せぬことが起こった

り、予想より作業に時間がかかるということが考えられます。改善に時間のかかる計画では、適切に進捗を確認します。

　確認の日時を決めておくと、自然と「その日までには何らかの結果を出しておきたい」という心理もはたらきます。

(4) 成果の質を再確認すること

　計画を立てる段階で、その仕事の着地点を改めて確認しておきます。たとえば、企画書の修正であれば、「お客様に納得いただけると確信を持てるもの」、営業であれば、「今月末までに○件のアポイントを達成し、かつ成約率○％以上であること」、クレーム処理であれば「お客様に謝意をお伝えし、ご理解いただくこと」といった具合です。

(5) 達成するための仕事量を具体化すること

　最終成果の質を確認したら、それを達成するための仕事量を見積もります。たとえば企画書であれば作成に2時間、確認に1時間、さらに修正にもう2時間、といった具合です。

(6) 計画を一方的に決めず、部下に計画作りに参加してもらうこと

　計画作りのポイントは、部下に自発的に計画をつくってもらうことです。あなたは、「どのくらいかかると思う？」などと聞きながら、考えを整理する手伝いをすると良いでしょう。もちろん、経験が少ない部下にはわからないこともありますから、必要であれば、「僕の経験だと、だいたい3時間くらいかかったよ」といった情報を伝えてあげると良いでしょう。

　一緒に計画を立てることで、部下の所属の欲求と力の欲求が満たされます。また、自分が作った実感があるもののほう

が、達成に対する意欲もわいてきます。

目指すべきレベル

　優秀な部下に対しては、どんどんチャレンジできる目標を立ててもらうのが望ましいでしょう。弾み車の勢いがついていますから、目標が低いと逆効果です。
　逆に、弾み車の勢いを失っていたり、求められる仕事の基準に達していない部下に対しては、達成した経験を積みやすい目標を立てるのが良いでしょう。「成功パターンを作る」ことを目標にすることが重要です。

要素5：決意（コミットメント）を取りつける

　計画を作ったら、部下は自ら実行するものだと思い込んでいる上司は案外多いものです。部下からきちんと実行への決意を取りつけることが大切です。決意が強いほど達成する確率は高くなります。
　実行に対する決意は、あなたと部下との約束ですから、それが果たされた時、互いの人間関係はより強固になります。ぜひ、約束を果たせるよう、あなたも部下に協力してあげてください。

7 リードマネジメントの要素
⑥言い訳の機会を作らない

要素６：言い訳の機会を作らない

　立てた計画が必ずしもうまくいくとは限りません。トラブルが起こったり、想定より時間がかかったり、あるいは、基準に達していない部下であれば、立てた計画を単純に実行しなかっただけということもあるでしょう。

　その時は再度計画を立て直すことになりますが、このときに、部下が言い訳する機会を作らないことです。

　ポイントは、「うまくいかなかった『理由』は問題にしない」ことです。「何を」「いつ」するかという質問は、問題を改善に進める良い質問ですが、「なぜ」しなかったのかという、理由を求める質問は、言い訳を作るだけで良い結果をもたらしません。

　私たちは、問題が複雑になるほど、「なぜこうなってしまったんだろう」という原因究明により多くの時間を割いてしまいがちです。

　しかし、どのような正当な言い訳、正当な理由があろうとも、決めた目標は達成しなければなりません。ですから、常に「なぜそうなってしまったか」よりも「この後どうすべきか」の方が重要な問題です。

部下が言い訳をしないよう導く方法

　私たちが言い訳をする理由はひとつしかありません。「責任から逃れる」ためです。

言い訳をする人ほど、他者の言い訳に対して寛容な傾向があります。逆に言えば、上司が言い訳をしない職場では、部下も自然と言い訳をしなくなっていきます。部下が言い訳をしないよう導くためには、自分も言い訳をすることなく正々堂々としていることです。

8 リードマネジメントの要素
⑦責任の自覚を促す

要素7：責任の自覚を促す

　選択理論を学んだ方から時折聞かれるのが、「人間関係を重視するようになれたことは良かったが、部下に厳しく言えなくなってしまった」ということです。

　リードマネジメントは、決して甘さを良しとするマネジメントではありません。言い訳をさせず、部下に高い基準を求めていきます。もちろん、部下が自分の責任において受け止めるべき当然の結果については、きちんと受け止めさせます。しかも、それを致命的な7つの習慣にあるような、「批判する」「罰を与える」といった手段は使わずに行います。

　勘違いしてはならないのは、比較の場において天秤が狂ったとしても、そのことがすなわち外的コントロールを意味するわけではないということです。外的コントロールであれ、選択理論的であれ、求めるものを手に入れられなかった時に天秤が狂い、「うっ」という感覚を持ちます。たとえば、誰かに仕事のミスを指摘されたとしたら、必ず「うっ」と感じます。しかし、仕事のミスを指摘しただけであって、外的コントロールを使われたわけではないのです。

　逆に、あなたが部下に対して言うべきことを言ったことによって、部下の天秤が狂ったとしても、それは必ず起こることであり、仕方のないことです。天秤が狂うことを恐れてしまうと、部下に言うべきことを言えず、「甘さ」のマネジメントになってしまいます。

LEAD MANAGEMENT PART

　マネジメントにおいては、部下が責任感を持つよう指導しなければなりません。

　たとえば、お客様に迷惑をかけて、クレームになってしまった部下がいたとします。自分でお詫びに向かい、もう一度お客様に会ってお詫びをしてもまた怒られるかもしれませんし、会ってくれさえしないかもしれません。当然、気が進まず、楽しい仕事ではありませんが、それは自分の行動が起こした当然の結果です。部下は受け止めなければいけません。そうした経験を通じて、部下は成長していくのです。

参考：「当然の結果を経験させる」
　以前のリードマネジメントにおいては、「責任を自覚させる」の中で、「当然の結果を経験させる」という項目を紹介していました。例えば、「勤務態度が悪いことが続いたがために、昇進できなくなった」ということは、当然の結果の範疇です。
　これに対し、「勤務態度が悪いことをみんなの前で馬鹿にする」というのは非常に処罰的で、リードマネジメントとは呼べません。

　このように、当然の結果によって責任を自覚することは重要なのですが、近年のリードマネジメントの中では、明示的にこれを教えていません。
　その理由は、「当然の結果」の言わんとするところが歪められ、結果として外的コントロールにつながってしまうことをグラッサー博士が危惧したためです。
　ですので、このテキストにおいてもこの項目は参考にとどめます。

罰にあてはまるもの、避けるべきこと

　リードマネージャーになるため、上司として避けるべき処罰的なやり方の代表例を紹介します。

（1）あざける

　　あざけることは、部下の自尊心を深く傷つけます。

（2）部下の欠点を人に話す

　　部下の欠点を他の人に話すことも、百害あって一利なしです。得てして欠点のほうが話のタネとして盛り上がってしまいがちですが、それによって大切な部下を失うことは馬鹿馬鹿しいことです。

（3）部下や部下の意見に注意を払わない

　　ミスをした部下の意見を、ミスを理由にして聞かない、ということは避けましょう。発生した問題とその他の問題を一緒にしてはいけません。

（4）陰で話をする

　　本人がいないところで、噂話のようにその人について語ることは、職場の雰囲気を悪化させます。
　　「自分はどう思われているのだろう」と不安になりますから、こうしたやり方は避けるべきです。

（5）付き合いから除外する

　　ミスをした部下こそ、より多くのコミュニケーションを取るべきです。ミスをしたからといって、仲間外れのようにす

ることは避けましょう。

（６）外見や容姿を引き合いに出す

　容姿などを引き合いに出して、それを欠点のように指摘することは避けるべきです。特に容姿は、本人にとっては非常にデリケートな問題であることが多く、軽い気持ちであっても避けるべきです。

　同じく、宗教や人種についても、これを引き合いに出してそれを欠点のように指摘することは避けるべきです。

　また、服装についても、本人の個性が強く反映されるものです。これについては、社内のルールとして決まっているものは、それに順応してもらう必要がありますが、頭ごなしに価値観を否定するようなことは避けましょう。

（７）話を聞こうとしない

　部下がミスをしたとき、仕事の改善のためにフィードバックを行うことは良いことです。しかし、この時に、部下の話を聞かず、一方的なコミュニケーションを取ることは避けるべきです。

　フィードバックを行うと、部下は必ず何か言うはずです。例えそれが言い訳に聞こえたとしても、「言い訳は聞いていないんだ！」などと遮ってしまうことは最悪です。以降、事実すらも話してくれなくなるでしょう。

　部下の話は最後まで聞き、言い訳をしているときには、実際の出来事（事実）と、部下や関係者の意見を分けて話すようにすると良いでしょう。

　また、ミスをした部下からの相談にこそ積極的にのり、耳

を傾けるべきです。

（8）とがった目つきや人の名誉を損なう言葉で傷つける

「目は口ほどにものを言う」ということわざのとおり、言葉だけ取り繕っても、目は雄弁にあなたの本音を相手に伝えます。職場から恐れを排除しましょう。

（9）傷つけるような仕事を割り当てる

特定の人物に、他の人のやりたがらない仕事を押し付けるようなことは避けるべきです。やりたがらない仕事があるとしたら、協力して解決するほうが職場の関係は良くなります。

（10）子どものように監視する

あまりに口うるさく言ったり、自由がなくなるような雰囲気をつくることも避けましょう。一人の大人として扱うことが必要です。

（11）他人の前で叱りつける

他人の前で仕事のミスについて叱ることは、自尊心を傷つける最悪の方法です。

叱られた部下は、その後チームの中でも居心地の悪い思いをするでしょうし、そうなると愛・所属の欲求が満たされません。

また、叱られる様子を見ている他の部下も、そのような上司を良い上司とは思わないでしょう。叱り終わった後は、誰もが上司から目を背け、チームの雰囲気は最悪のはずです。

9 リードマネジメントの要素 ⑧あきらめない

要素8：あきらめない

　リードマネジメントの最後のステップは、「あきらめない」ということです。
　あきらめないとは、部下が予想しているよりも、少しだけ長く忍耐するということです。

　問題を抱える部下は、問題行動によって上司を試そうとします。上司があきらめれば、部下の「勝ち」であり、部下は問題行動によって自分の欲求充足を行うことを正当化します。つまり、「上司が何もしてくれないから、自分の問題行動は仕方がないのだ」という言い訳を認めることになります。
　上司があきらめなければ、部下は問題行動を起こす正当な理由を失っていきます。上司の粘り強さが勝れば、部下は徐々に正しい行動を起こすようになります。

　また、部下は「あきらめられた」と感じてから、気にかけられない期間が長く続けば続くほど、再起が難しくなります。その間に自己重要感が薄れたり、疎外感が生まれたりし、組織に対する所属意識や貢献意識が薄れてしまうためです。ですから、上司はまず、自分が部下のことを気にかけていなければなりません。部下の所属の欲求を満たすことは、ステップ1「良好な人間関係をつくる」の重要な要素です。

自分がそれをできたら、徐々に組織はお互いにお互いのことを気にかけるように成長していきます。部下同士の横のつながりで異変を察知し、さらに上司に報告をしてくるようになれば、その組織はかなり良い組織になっていると言えるでしょう。

　上司は部下を常に観察し、第一に、仕事の達成に向けて効果的な行動を取っているか、第二に、まわりの人とうまくやっているかを確認します。仕事はできても、人間関係に問題を抱えている（まわりに無関心であることも問題に含まれます）部下に対しては、すぐにフォローを入れましょう。

最後の手段

　あなたが粘り強く忍耐し、あらゆる協力も使い、部下を支援していてもどうしても部下の仕事が改善しないときは、以下のように正直に伝えます。

　「○○さん、私はいままでできる限りのサポートをしてきました。あなた自身が向上し、成長していこうという決意がみられない現状では、正直に言って、私にはどうすることもできないというのが本音です。ここからは、○○さんが真剣に考えていただく番です。」

　最後の手段として部下に自己評価を促し、それでも改善しない場合は、配置転換を検討するよう、人事部などに相談することが賢明でしょう。

10 マネジメント上の重大な「小さな」問題への対処

小さな問題はどれも大きな問題である

　遅刻や欠勤といった問題や、あるいは業務時間に私用の電話をかける、業務中にパソコンでゲームをしていたり、業務と無関係のSNSをチェックしているといったことは、生産性を低下させ、かつ上司の時間を割いて対処しなければならない問題ですから、重大な問題であるといえます。

　1：29：300の法則（ハインリッヒの法則）という法則があります。ある工場の労働災害を調べたところ、1件の重大事故の背後には、29件の軽微な事故があり、さらに300件の「ヒヤリ・ハット重大な（災害や事故一歩手前の事例の発見）」があったということから導き出された法則です。

　職場において大きな問題が起こる場合、その手前で見過ごされた軽微なルール違反や怠惰な姿勢などが多く存在する可能性があります。職場において、お互いの欲求充足を妨げることなく、自分の欲求充足をしていくためには、ルールに従ってもらうということも重要な要素です。

11 Both-win（双方勝利）マネジメント

マネジメントは交渉術である

「交渉は、人生の競技である」という言葉があります。子供のころ、友人とゲームをするときも、兄弟でおやつの取り分を決める時も、あるいは大人になって結婚をするときも、もちろんビジネスの現場で売買の取引をするときも、私たちは交渉をします。

マネジメントも、目的に向かって組織をリードするために、部下と交渉をすることに他なりません。

しかし、1920年代ごろまで、マネジメントの世界では「やるか、やめるか」という極端な方法が用いられてきました。この方法では、妥協点を見つけることが困難です。仕事が比較的単純であり、人員の補充が容易であれば、このような方法でも組織は維持できるかもしれませんが、現代社会では、組織の長期的な発展のために人材の育成は不可欠であり、このような極端な方法は受け入れられません。

この章では、組織において敗者をつくらない、双方勝利のマネジメントについて学習します。

「双方勝利の交渉法」11のチェックリスト

リードマネジャーは、部下を動機づけし、成果に導きます。しかし、このときに重要なことは、リーダーの動機付け能力は、理論的な知識ではなく、人間関係における体験的な知識によるものでなければならないということです。

ですから、ここで学んだことを実際に行わない限り、マネジメン

ト能力が高まることはありません。

　ここに、双方勝利の交渉法のチェックリストがあります。仕事においての交渉は、部下もリーダーも双方が利益を得るものでなければなりません。

☐ いつまでにやるかを決める
　双方にとってより都合の良い仕事の期限を見つけることは可能なはずです。

☐ 何をやるかを決める（仕事の進め方を詳細に検討する）
　やるべき仕事と、やらなくてもよい仕事を区分します。

☐ 誰がするかを決める（適材適所）
　リーダーは、業務を適切に割り振る必要があります。また、交渉の場において、自分に適した仕事を多くできるように提案することも可能です。

☐ 適切な道具を使う
　ただ話すだけでは伝わりにくいこともあります。論点を整理し、互いの考えを明確に共有するために、大きな紙に書いたり、ホワイトボードを使ったりするなど、工夫をしましょう。

☐ 定期的な確認をする
　リスクとコストの釣り合いをとれるように、定期的に確認することで、双方が利益を得られる可能性があります。

□ 優先順位をつける

　パレートの法則によれば、私たちは20％の仕事で80％の成果を生み出しています。逆に言えば、80％の労力をかけて20％の成果しか生み出していないということです。

□ 働く動機を確認する

　人は会社のために働くと同時に、自分のためにも働いています。部下が何のために働き、何を目指しているのかを把握しましょう。家庭の時間が重要な部下には、そのような仕事の仕方ができないかを考えたり、組織で上を目指したい部下には仕事を多く与えたりと工夫ができます。

□ 変更のタイミング（どれくらい、どの時期に）

　仕事の改善は「一時に一事」が原則です。成果を一度にたくさん求めることは避けましょう。

□ 長期的な方法と方針でのぞむ

　方針を変えることで、変化と改善が起こることがあります。

□ 仕事の習得を加速させる

　部下に仕事で熟練し、力をつけてもらうために、教育訓練が必要になります。

□ 組織間の結びつきを強める

　組織によっては、組織の制約を認識し、改善することで、上司にも部下にも良い結果をもたらすことがあります。

部下と話し合う上での１６の戦術

リードマネジメントのポイントは、部下が自立し、より多くの責任を担える手助けをすることにあります。ここでは、部下と話し合うための16の戦術を学びますが、これは決して部下を操るためのものではありませんので注意しましょう。

１．譲歩

譲歩とは最善の妥協法です。そして、どのように譲歩するかは、どのくらい譲歩するかと同じくらい大切なことです。

たとえ譲歩の幅が大きくても、嫌な言い方で譲歩をされたら、気分は害されるでしょう。

譲歩する上でのポイントは以下の6点です。

A）あまりに簡単に譲歩しない

人は簡単に手に入るものには感謝しません。ですから、すぐに譲歩したり、基準を下げたりすると、そもそもはじめから本気ではなかったと考えられ、譲歩されたことに大して感激がありません。

B）イエス・ノーをあまり早く言い過ぎない

熟考してから判断を下すほうが、相手にもありがたみが通じます。

C）譲歩する時には、その代償を求める

譲歩とは妥協点を見つけることですから、お互いに手を差し出しあうほうが良い結果を生みます。

D）「ノー」と言うことを恐れない

関係が壊れることを恐れ、甘やかすことは避けなければなりません。相手を尊重しなければなりませんが、すべてを飲み込まなければいけないわけでもありません。相手が取

らなければならない責任は、きちんと取らせる必要があります。
　E）相手が面目を保つことのできる余地を与える
　　譲歩の目的は、話し合いを成功に導くことであり、話し合いの目的は、部下の自立を促し、組織として成果を出すことにあります。相手の面目をつぶしてしまっては、その後の仕事がスムーズに行きません。
　F）部下の能力を見極める
　　強い部下には、多くを求めるほど、成長も大きく、多くを得られる余地があります。逆に弱い部下には多くを求めるのではなく、達成しやすい目標を与えましょう。

２．話す場所を選ぶ

　他の人の前で問題について話し合うことは避けましょう。他人の目が気にならない会議室などに場所を移すのが賢明です。

３．時間を選ぶ

　以下のような状況に部下が置かれている場合には、話し合いを避けましょう。
　A）緊急で解決しなければならない問題があるなど、時間を取りにくいとき
　B）他のことでイライラしているとき
　C）仕事に集中しているとき
　D）疲れ切っていたり、プライベートを含め感情的に動揺しているとき

4．事実を裏付け、よく説明する

5．忍耐する（焦って決めない）

6．急がず、ゆっくり（漸進主義）

7．4人の仲間理論
　過去、現在、近い将来、遠い将来の4人が同席していると仮定し、そのすべての要求を満たすよう試みます。

8．受け入れ期間をとる
　部下が新しい考え方に慣れるまでの時間を取ります。

9．話す内容を決める
　何を話すか、何を話さないか、またどの順番で話すかを決めておきます。

10．部下に求めるものを紙に書く
　　A）部下にどのような決断をしてもらいたいか
　　B）部下はなぜそれをしないのか
　　C）どうすれば部下が正しい決断をする手助けができるか

11．膠着状態を打開する術を知る
　　A）ユーモアを交え、話し合いを軽くする。
　　B）仕事内容を変える
　　C）話し合いの場所や日時を変えて環境を整える
　　D）問題が起こらないような事前対応を考える

E）リスクを互いに分担しあう関係を取る
　　F）話し合いに仲介者を立てる
　　G）定期的に一致点と未解決点を書き出し、現在地を把握する
　　H）情報を集めるための時間を求める
　　I）譲歩を先に申し出る
　　J）申し出の内容を変える
　　K）自分のプライドを抑える

12. 明確な約束をする

13. 同意できなくとも、実行可能な譲歩の術を知る
　　A）話を聞く
　　B）きちんと説明し、正確な情報を与える
　　C）意見を証明する事例を話す
　　D）ゆっくりと、邪魔されずに話す時間をつくる
　　E）相手に快く応対する
　　F）相手の決断を助ける
　　G）笑顔を見せる
　　H）将来への希望を与える
　　I）首尾一貫した信頼できる態度を取る
　　J）相手を認める

14. メモを取る

15. 話を聞く
　　人が話を聞かない理由は11項目あります。
　　　A）ほとんどの人は考える前に話すから

B）たくさんの考えが頭の中を巡り、消すことができないから
C）聞くよりも話すほうが力の欲求が満たされるから
D）反論したい願望があるから（力の欲求が満たされるから）
E）理屈が通っていない、興味がないという理由で話を遠ざけてしまうから
F）堅い話は、専門的すぎるといった理由で避けるから
G）気が散っていて集中していないから
H）証拠をそろえる前に結論に飛んでしまうから
I）あらゆることを覚えようとするがために、大事な点が忘れられてしまうから
J）自分が重視していない人の発言を軽視したり、無視したりするから
K）自分の好きでない情報を軽視したり、無視したりするから

話を聞くためのコツは以下の通りです。
A）注意をすべて相手の話に向ける
B）話を遮らない
C）気取った言い回しや散漫な言い回しに対しては、話を主題に戻してもらう
D）聞きづらいことが話題に上がっても忍耐して聞き続ける
E）自分の好まない意見も、「そういう考えもあるのか」と思っていったん受け入れる
F）相手が話し終わるまで話させる

16. これしかない、と告げる

最後は、相手に参加を促しながら選択を与えるために、このように話します。

「やり遂げなければならないことはこれだ。利用できる手段はこれだ。さて、どうすればいいだろうか」

人間関係に相容れない 10 の戦術

多くのマネジャーは、先ほど学んだ 16 の戦術と逆の戦術を使い、双方を敗北に導いてしまいます。それを防ぐために、取ってはならない戦術を学びます。

(1)「嫌ならやめろ」と言う

　　この言葉は、相手の選択肢を奪います。選択肢を奪われ、追い込まれると、自尊心が傷つけられ、相手は敵意を覚えます。

(2)「もっとやれるはずだ」とだけ言う

　　成果を生むのは具体性であり、この言葉は大ざっぱすぎます。今のままでは評価されないかもしれない、という不安をあおる言葉でもあります。

(3) 膠着状態を続ける

　　膠着状態は、人に疎外感を与えてしまいます。たとえば、上司と膠着状態にある部下は、何となく上司に話しかけづらくなっていき、所属の欲求を満たさない状態を作ってしまいます。また、放置すれば最終的には怒りの感情に変化していきます。

(4) 高すぎる要求を突きつける

　　部下を成長させるため、部下の能力を少し超えた（少し成

長が求められる）レベルに目標を定めることは悪いことではありません。

　しかし、あまりに高すぎる要求がずっと続くと、部下が疲弊していきます。

（5）誇大戦術を使う

　誇大戦術とは、事実をおおげさに見せたりして、事実誤認を起こさせることです。誠実さに欠けることは、部下との話し合いでは行ってはいけません。後から事実が判明したときに、人間関係は最悪のものとなります。

（6）驚かす

　ネガティブな驚きは避けねばなりません。たとえば、上司から突然「明日から1週間休むから、仕事はやっておいてくれ」と言われて、不信感を持たない部下はいないでしょう。

（7）聞く気がないのに聞く

　時にリーダーは、考えを決めているにもかかわらず、意見を求める「ふり」をすることがあります。こうしたやり方は、部下に簡単に見抜かれ、不快感を与えます。

（8）自分より上の人間を悪者に仕立てる

　部下に直接フィードバックできないからといって、「私の上司の××さんが、君の働き方をよく思っていないんだ」と伝えるような方法は行ってはいけません。自分の意見を素直に伝えられない上司は信頼されないからです。

（9）見下す

　マネジメントの目的は、部下を育て、組織として成果を出すことです。力をつけてもらうことが目的ですから、部下を怒らせる必要はどこにもないのです。

（10）不愉快な比較をする

　部下同士で比較して、競争させようとすることを部下は嫌います。部下はさまざまな仕事に取り組んでいますし、置かれた状況はひとりひとり違いますから、横並びで比較されることを嫌がります。

12 成功への処方箋

上司に影響を及ぼす10の方法

　本書で学んでくださっている方の中には、リーダーとして部下たちを引っ張っていく存在でありながら、同時に自分にも上司がおり、マネジメントを受ける立場でもある方は多いと思います。

　組織における影響力、つまりリーダーシップとは、立場（肩書き）から生まれるものではありません。リーダーシップとは、「地位や肩書きに関係なく、目標達成に向けた肯定的な影響力」のことです。

　会社の中で、自分の組織を率いながら、自分の上司と折り合いをつけていく必要がある場面も多いことでしょう。ここでは、どのようにして自分の上司に対して影響力を発揮していくべきかを学んでいきます。

（1）計画立案に参加する

　　計画を立てた人は、自然と上司と話す機会を持つことができます。当然、そのぶん影響力が増します。

（2）献身と忠誠を示す

　　献身と忠誠には力があります。献身と忠誠を示すとは、組織に対して忠実な姿勢を持ち、予算、計画、日程はもちろんのこと、会社の理念の実現に対して打ち込むことです。こうした人物には、上司が安心して仕事を任せることができます。

（3）有能さ、着実さ、信頼を身につける

　人材の流動化が強まっている時代の中で、あちこち移り変わらず、与えられた役割を全うしていく人は、上司からの信頼を得ることができます。

（4）知識を豊富に身につける

　知識は力です。上司に対して、的確な提案ができることや、上司が知らないことを知っていることは、上司があなたに相談するようになりますから、影響力をもたらします。

（5）自己訓練と自制を身につけている

　自分をきちんとコントロールできる人は、時間をうまく使うことができます。一度に複数の仕事をこなしながら、オンオフの切り替えが上手く、仕事とプライベートを両立させます。いわゆる「デキる」人になると、影響力は強まります。

（6）良い見本となる

　あなたの部下にとっての良い見本になりましょう。それは、会社が求める人材像を目指すということです。良い見本であれば、会社は信頼してあなたに仕事を任せることができます。

（7）成長し続ける

　勉強し、多くの人と交流を持つことで、視野を広げることはもちろん大事です。さらに、まったく経験のない仕事に携わることになったり、希望しない仕事につくことになっても、腐らずにやり遂げることが重要です。

（8）協調する

　組織の真の力は、集団の力によってもたらされます。本当に協力をすることができれば、組織の誰もが思いもしなかった大きな成果をつくることができます。社内でモデルとなるチームを目指す、と言い換えても良いでしょう。

（9）専念する

　自分の職務責任に専念することです。会社は、会社の目指す方向性に対して専念してくれる人に信頼をおきます。

（10）仕事の手続きの策定や変更に関わる

　組織に対して大きな影響力を持ちたいのなら、手続きを決める過程に積極的に参加することです。例えば、人事制度のヒアリングに参加したり、目標設定の会議に参加したりすることです。会社の方針の決定に加わることで、自分の考えを会社に反映させることができます。

13 部下とともに成功する17の基準

　あなたがマネジャーとして成果を出すために必要なことは、部下と一緒に成長し、成果を出すことです。部下が成果を出してくれることこそが、あなたの組織の成果を決め、結果としてあなたの成果を決めることになります。

　組織を運営していく上で、重要になるのは「交渉」です。部下にも意見があり、あなたにも意見があります。意見の違いを乗り越え、同じ成果に向かうためには、正しい交渉をしなければなりません。部下に対してあなたがリーダーシップを発揮するためには、交渉の場面だけでなく、あなたのふだんの言動、雰囲気づくり、関わり方といったすべてのことが影響しています。

　リードマネジメント編の最後のまとめとして、あなたが部下と一緒に成功するために必要な17の基準を学びます。

（1）過去の失敗に触れない

　過去の失敗を掘り返すようなことをすると、部下は恐れを抱きます。恐れを抱くと、本来の力は発揮できません。

　リードマネジャーは、職場から恐れを排除しなければなりません。

（2）批判しない

　もし、あなたの部下とあなたの意見が違ったり、思い通りにならないことがあったとしても、そのことを批判してはいけません。

（3）実を把握し、現在の行動が明らかになったなら、部下自身に自分の行動が有益かどうか評価させる

　　選択理論に基づいて考えれば、人は内発的にしか変わりません。あなたの評価がどれほど正しかったとしても、それを押しつけることなく、本人に自己評価をさせましょう。

（4）感情論に巻き込まれ、「どう感じたか」の議論にはまり込まない

　　良い感情に導く方法は、仕事の進め方を改善することです。全行動の考え方に基づけば、感情は思考と行為を変えることで間接的に変えることができます。

（5）部下と双方勝利の計画を取り決める

　　計画は、部下とともに決めるのが良いでしょう。お互いにその実現にコミットできる計画が良い計画です。

（6）計画が全て具体的であることを確認する

　　A）何を
　　B）いつ
　　C）質と量を具体的に定める
　　D）確認日時を具体的に定める

（7）改善策を実行する強い決意と約束を取り付ける

　　問題が起こったとき、計画がうまくいかないとき、それは失敗ではなく、改善の機会です。しかしここでも、改善策を考えるだけでなく、実際に実行に移すことでしか結果は変わりません。実行の決意を取り付けることは、いつでも重要です。

（8）承認を与えるべきときに与える

　　　承認は常に具体的であるべきです。
　　　　　A）どのようにしてやったかを尋ねる
　　　　　B）もっとも自慢とする点を話させる
　　　　　C）具体的に認める
　　　これらの要素をふまえた承認を与えましょう。

（9）言い訳を聞き入れない

　　　「言い訳は防御された嘘である」という言葉があります。言い訳は本人が不快感情から逃れるための（本人にとっての）最善の策として出てくるものですが、マネジャーとして、それを聞き入れる必要はありません。言い訳から改善が生まれることはないからです。

（10）決して相手を傷つけたりおとしめたりせず、処罰的にならないようにする

　　　人は完璧な存在ではありませんから、必ずミスをします。最善を尽くした結果の失敗は、その挑戦を称え、新しい挑戦に導きましょう。

（11）成功体験を積ませる

　　　リードマネジャーの役割は、部下の弾み車を回すことです。弾み車の勢いのある部下には大きな挑戦を、まだ勢いのない部下には小さな成功体験を積ませます。

（12）将来への希望を与える

　　　リードマネジャーは、組織のビジョンを語り、部下全員を

巻き込んでいくことが求められます。「素晴らしい未来に向かって、自分も貢献できている」と部下が思えると、部下は大きな力を発揮します。

(13) 敵意に対して敵意で反応しない

　部下はあなたの敵ではありません。同じ目標を目指す味方であることを、いついかなるときも忘れてはなりません。

　ですから、仮に部下が敵対的な姿勢で接してきても、以下の４つのポイントを心に留め、誠実に対応しましょう。

　Ａ）正直に、誠実に、真心をもって接する
　Ｂ）過去の失敗に触れない
　Ｃ）仕事の進捗状況を早めに確認し、修正可能な時間を確保する
　Ｄ）どうしたらよりよい方法を採れるかを話し合う

(14) 良い人間関係を築くには長い時間がかかることを覚悟する

　人の欲求はそれぞれ異なりますし、上質世界も当然異なります。あなたと気が合う部下もいれば、タイプの違う部下もいるかもしれません。

　部下との信頼は一朝一夕にできるものではありませんから、じっくりと時間をかけましょう。

　信頼を築く良い方法は、一緒に大きな仕事を成し遂げることです。

(15) 簡単にあきらめない

　部下がくじけそうな時、落ち込んでいるとき、失敗をしたとき、マネジャーであるあなたが諦めてしまったら、部下は

自分のことを諦めてしまいます。あなたが諦めない限り、部下を支えることができます。

(16) 仕事をする上で、よい方法は必ずあると信じる

　　仕事を進める上でも、あるいは組織の方向性を決める上でも、意見が折り合わなかったり、アイデアが生まれなかったりして、どうしても行き詰まり感じることはあると思います。

　　しかし、どのようなときでも、よりよい方法があると信じて、よく考え、話し合いを重ねることは、必ず突破口を開くことにつながります。良い方法はないと決めてしまった時に、改善の道は閉ざされてしまいます。

(17) 人には自分が思っている以上の影響力と力がある。リーダーのように考え、行動する

　　あなた自身があなたの上司のように考え、行動をすることはもちろん、あなたの部下にも、リーダーの立場だったらどう考えるか、経営者の立場だったらどう考えるかを日頃から考える習慣をつけましょう。広い視点で物事を捉えることで、立場の違いを乗り越えやすくなっていきます。

　どのような会社や組織であっても、いまよりも良い状態をつくり、いまよりも良い成果を出すことが可能です。
　その変化を作り出すのは他ならぬあなた自身です。あなたが部下ひとりひとりの違いを認め、部下の力を引き出し、ビジョンに向かって導くことで、素晴らしい成果を出せることを祈っています。

第3部
実践編

PRACTICE PART

1 イントロダクション

　ここからは、具体的な事例をもとに、これまで学んだ内容を職場でどのように適用していくべきか、具体的な方法を見ていきます。

　選択理論をビジネスの分野で適用するにあたって、いくつかの前提条件を確認しておきましょう。リアリティ・セラピーとしてカウンセリングに応用される場合との違いを比較しながら、読み進めてください。

（1）カウンセラーは通常第三者であるが、ビジネスの現場では、同僚というすでに知っている間柄であったり、上司・部下という立場の違いがあるために、利害を共にしたり、異にする場合がある

　カウンセリングは通常、トラブルと直接関係のない第三者がおこないます。これに対して、ビジネスの現場や、日常生活で相手にする人は、すでに知っている間柄であることがほとんどです。それゆえ話せること、話しにくいことがあることを認識している必要があります。

　また、上司と部下のような関係になった場合には、利害関係も含まれます。たとえば、上司は「部署としてこれだけの目標を達成したい」と考えているが、部下のほうは「その数字は自分には難しい」と思っているような場合には、相手の願望を聞きながら交渉していくことが必要になります。

（2）会社は会社のルールが存在しており、簡単には変えられないことが多い

　カウンセリングに訪れる人が抱える人間関係の葛藤は、当事者間の了解があれば、問題は解決に向かっていきます。

　しかし、ビジネスの現場において、個人間での葛藤や個人と会社とのあいだで葛藤が生じたとき、当事者の判断だけでは解決できない問題が発生することも考えられます。

　当然、会社はそこで働く全従業員がより良い環境で働くために、一定のルールを設けて運営されます。これは、人によって異なる欲求を、できるかぎり全員が充足できるようにするためのものと考えてもよいでしょう。

　組織とは共通の目標を持つ2名以上の人の集まりのことですが、人が複数集まれば、当然、欲求の衝突が発生します。

　人はそれぞれ持っている基本的欲求の強さが異なり、満たし方も異なるため、組織には構成員が欲求充足するための調整機能が必要になるのです。

　たとえば、給与制度というものは、それぞれの能力や働きぶりを極力公平に評価するために存在しています。たとえ不満を持っていたとしても、すぐにそれを変更することは難しいでしょう。

（3）定められた期限と達成すべき目標がある

　企業の中で働く以上、期限や締め切りという制約の中で成果を出さなければなりません。

　会社や組織にどうしてもなじめない、あらゆる手を尽くしても欲求充足されないという場合には、その組織を離れるという選択肢があります。

　自分で悩みを抱えている場合でも、誰かの相談に乗る場合でも、

私たちにできるのは、「自分あるいはその人にとって効果的に欲求を満たす選択をすること」だけです。長期的に見ても良かったと思える選択肢を見つけることを念頭に考え、支援できるとよいですね。

2 実践編

2級レベル

case1　仕事の基準と自己評価が乖離している部下

▶ 状況

　あなたはある会社の営業部で3名の部下を持っています。そのうちのひとりAさんは、入社1年目で、人あたりが良く前向きな性格です。ただ、報告・連絡・相談が苦手で、指示したことも忘れていることが多い部下です。

　何度か話はしていますが、前向きさゆえか、自分の意識にあるもので評価されたいという欲求が強い反面、自分の意識にないもの（自分が重要と思っていないもの）によって、評価されなかったり、評価が下がるということについて強く不満を持ってしまう傾向があるようです。

　さて、今日は半年に1度の業績面談の日です。

あなた　いつもありがとう。この半年は、自分で仕事を振り返ってどうでしたか？

Aさん　とてもうまくできました。他の人を見ていると、正直なところ、なんであんなに仕事が遅いんだろうとイライラ

してしまうくらいです。

あなた なるほど。今日は他の人の話ではなくて、君の話をしたいんだ。自分の仕事を振り返ってみて、良かったところと、改善できるところを話してほしい。

Aさん そうですね、半年のうち、5ヶ月は目標達成できました。2ヶ月目だけ未達成でしたが、急にキャンセルが入ってしまったので、仕方ないです。なので、悪いところはみつかりません。

　Aさんとあなたはこのように話し始めました。
　Aさんは触れていませんが、この半年の間に、Aさんがお客様に連絡すると言ったまま連絡せずにクレームとなり、しかもそのミスを隠そうとしたことがありました。
　また、社内の提出物などの提出状況も悪く、毎週月曜日に提出が義務づけられている活動報告についても、火曜日になってしまうことがしばしばあります。
　さて、あなたならこの後どのように話を続け、自己評価を促しますか。

あなた そうだね。Aさんの成績は申し分ないと思うよ。1年目でこれだけの成績をコンスタントにあげられれば、大したものだよ。

第3部　実践編
PRACTICE PART

Aさん　ありがとうございます。

あなた　ところで、僕は君にもっと成長していってもらいたいと思っている。ほかの社員のモデルとして、組織を引っ張るリーダーになってもらいたいんだ。

Aさん　はい。

あなた　そのために、ひとつ気になっていることがあるので、伝えておきたいことがあるのだけれど、いいかな？

Aさん　はい、なんでしょう？

あなた　今の君に必要なのは、お客様とも、社内でも、約束を守ることだね。心当たりはあるかな？

Aさん　はい。でも数字はあがっていますし、報告書に時間を割くよりも数字が大事だと思います。会社全体としては目標が厳しいですし。

あなた　数字で会社に貢献することを考えてくれるのはとても嬉しい。でも、数字だけあげていれば何をしてもよいわけではないよ。君がリーダーになったときに、「Aさんって、数字はあげるけどルールは守れない人ですよね」と後ろ指を指されたいかな？

Aさん　それはいやです。

あなた 少しずつリーダーに近づく訓練と思って、ルールを守ってほしい。まず来週の報告だけ、月曜日の期限内に出す。そのためには金曜日に書き始めて、金曜の5時になったら一度見せてほしい。それだけでいいんだけれど、できるかな？

Aさん はい、それなら大丈夫です

あなた ありがとう。期待しているよ。

第3部　実践編
PRACTICE PART

2級レベル

case2　成果が出ないために、行動を恐れてしまう部下

▶ 状況

　あなたは営業部の主任で、2名の後輩の世話をしながら働いています。

　先月、一人はなんとか目標を達成しましたが、もう一人のBさんは達成できませんでした。

　Bさんはこれで3ヶ月連続で目標の未達成が続いており、改めてきちんと話を聞いてみることにしました。

　すると、営業という仕事がなかなかうまくいかず、お客様に冷たくあしらわれたり、断られることが続いたために、お客様に会ったり、連絡するのが怖くなってきてしまったそうです。

　そのため、やらなければならないとわかっていても、電話をかけるのが億劫になってしまい、そのことでまた自分を責めてしまうという悪循環に陥ってしまったようです。

　本来のBさんは外交的で、力が発揮できれば必ず成果が出るはずですが、Bさんが自信をもって仕事に向かい、スランプを脱出できるように導くために、あなたならどのように声をかけますか。

解　　説

　Bさんは、上質世界には営業がうまくいっている自分、お客様から契約をお預かりしている自分を描いているようですが、お客様から断られるという状況が続いています。

カラーチャートで言うと、「状況A」の現時点では効果的にコントロールされていない状況から抜け出せずにいると考えられます。
　しかし、Bさんの創造システムは常にはたらき、この状況Aから抜け出すための最善策を選択しています。
　現時点での最善策が、「電話をかけない」という行動の選択なのだと捉えることができます。簡単に言ってしまえば、「行動しなければ失敗はない」という選択をしているということです。行動しないことによって、当然成果が出ないのですが、それよりもBさんにとっては断られることのほうが辛いと考えているのです。
　ここでのポイントは「この行動はあくまでBさんにとって、現時点で取りうる最善の行動」であることです。言い換えれば、他の行動を選択することはBさんにとってリスクを取ることを要求することになります。ですから、できる限り安心感を与えるようにして、行動に変化を起こしてもらえるようにする工夫が必要です。

【悪い例】

あなた　今月もお疲れさま。来月はなんとか頑張ろう。

Bさん　はい。

あなた　成果を出すためにどんなことをしたら良いと思う？

Bさん　お客様に電話をして、アポを取ることです。

あなた　そうだね、Bさんならできると信じているよ。頑張ろう。

Bさんは「わかっていても動けない」という状態ですから、これだけの対応だと、一見選択理論的に接していても、Bさんをさらに追い詰めてしまうことになります。

――――――――――――――――――――――――――――

【良い例】

あなた　今月もお疲れさま。来月はなんとか頑張ろう。

Bさん　はい。

あなた　成果を出すためにどんなことをしたら良いと思う？

Bさん　お客様に電話をして、アポを取ることです。

あなた　そうだね、でも、このところのBさんを見ていると、お客様と接触するのを怖がっているようにも見えるよ。そんなことはない？

Bさん　はい、実はその通りです。お客様に断られるのが怖くて、わかっていてもなかなか電話に手が伸びなくて……。

あなた　素直に言ってくれてありがとう。僕も新人の頃は、大変な思いをしたよ。今から僕と電話をかける練習をして、その後で、15分だけ一緒に電話をかけてみようか。困ったことがあったらすぐに言ってほしい。

Bさん　はい、それくらいならがんばれると思います。ありがと

うございます。

さきほどの例との違いは3つあります。
① Bさんの課題を承認していること
② 練習の提案と、一緒にやるという提案で不安を取り除いていること
③ 15分だけという小さなゴールを設定していること

　「それだけならがんばれる」という感覚は、行動に変化を起こす第一歩です。15分が終わったら、必ずもう一度時間をとり、どう思ったか聞いてみるとよいでしょう。
　「思ったほど怖くなかった」という声が出てきたら、行動変容に向かって一歩前進している証拠です。

第3部　実践編
PRACTICE PART

2級レベル

case3　お客様の立場になって物事を見られない部下

▶**状況**

　ケース2の続きという前提で進めます。

　徐々にお客様への連絡に対する恐怖も少なくなってきた矢先、Bさんがかけた電話の相手から、きつくお叱りを受けてしまい、Bさんが意気消沈しています。

　聞いてみると、商談の席でのBさんの言葉遣いに対して、気に食わないと強く叱られたそうです。確かに、Bさんはたまに敬語を誤って使ってしまったり、敬語が出ずに普通の言葉遣いになってしまうことがあり、それが相手の気分を害し、「俺はおまえの友達じゃないんだ」と叱られたそうです。

　せっかく自信を取り戻しつつあったにもかかわらず、またしても自信を失っているようです。さて、あなたはどのようにBさんに声をかけますか。

解　説

　「お客様の見ている現実と、Bさんの見ている現実は異なる」という点を整理してあげましょう。

　お客様にはお客様の上質世界と知覚のシステムがありますから、同じ情報でも捉え方が異なるのです。

　このケースでは「言葉遣い」が問題になっていますが、こうした、人によって気にかける度合いの異なるテーマは、認識のギャップが生じやすいものです。

　気にする人はとても気にするものですが、それまであまり気にし

たことのない人からすると、「なぜここまで言われないといけないのだろう」と、そもそも事の重大さを理解できないことがあります。

　特に敬語のような問題は、普段から練習をしていないととっさに使えないことが多い問題です。現実的な課題解決としては、Bさんの普段の言葉遣いも練習の場として位置づけ、練習させてあげるとBさんも安心するでしょう。

第3部　実践編
PRACTICE PART

2級レベル

case4　定年間際でモチベーションの低下した年上の部下

▶ **状況**

　あなたは人事部の責任者として、200名ほどの企業の人事を担当しています。あなたの部署には、2年後に定年を控えたMさんという男性社員がいます。

　Mさんは、役職は思い通りに昇進しませんでしたが、社内での信頼は厚い人物です。

　しかしそのMさんも、定年を控え、またもう自分は昇進しないだろうという諦めからか、だんだんと仕事に対する情熱を失ってきてしまったようです。

　明らかに態度の良くない社員がいると、組織に対しても良い影響を及ぼしません。

　あなたはどのようにして、定年までMさんに役割をまっとうしてもらうよう働きかけますか。

解　　説

　ロバート・ウォボルディング博士は、『リアリティセラピーの理論と実践』の中で、リードマネジメントの8つの要素に触れながら、さらに従業員と良い関係を築くための要素を8つ挙げています。

（1）従業員の願望を尋ねる
（2）従業員の欲求を判断する
（3）従業員に期待されている内容を正確に告げる

（4）従業員の見方（知覚）を明らかにする
（5）常に礼儀正しく穏やかである
（6）予想されないことをする（たとえば、従業員が怒られると思っている時に次の企画の話をする）
（7）自分自身を分かち合う
（8）できるだけ話し合いを楽しいものにする

（『リアリティセラピーの理論と実践』）

　博士はまた、「重要なことは、部下と支援的な関係を築くことである。そして、時折ユーモアを使い、会話の中に笑いがあることも、効果的なマネジメントの手法である」と述べています。

　これらを踏まえて、Mさんとの会話例を見てみましょう。

あなた　Mさん、最近仕事はどうですか。

Mさん　どうもこうもないね、いつも通りだよ。

あなた　昔と比べてどうですか？

Mさん　昔はもっと働いていたよ、君より長く会社にいるし、昔は今ほど整った会社じゃなかったからね。

あなた　これからどんな仕事をしていきたいですか？

Mさん　特にないね、目の前の仕事をこつこつやるだけだよ。

第3部　実践編
Practice Part

あなた　Mさんは2年後に定年を迎えられますよね。

Mさん　そうだ、だからそんなに大した仕事はできない。

あなた　私は、Mさんにこそ会社に良い影響を与えてほしいと思っています。

Mさん　そんなにたいそうなことはできないよ。

あなた　最近の仕事を振り返って、むしろ良くない影響を与えていないか心配しています。

Mさん　会議の欠席のことかな？あれは所用があったんだと言っていたはずだけど。

あなた　はい、それは知っています。ただ、定例の会議は、よほどの事情がない限り全員集まることになっているのはご存じですよね。私が心配しているのは、若い社員たちから、Mさんはルールを守れない人だと思われることです。

Mさん　そんなふうに思われているのか？

あなた　直接聞いたわけではありませんが、会議の中での様子を見ると心配です。彼らは、Mさんがかつてバリバリと働き、この会社を作ってきたことを知りません。見ているのは今のMさんだけですから。

Mさん　そうか。

あなた　せっかく働かれるのであれば、2年後に、Mさんにお世話になりました、という後輩がたくさんいるのが良いと思いませんか。

Mさん　それはそうだね。

あなた　このままだと、どうなりそうですか。

Mさん　何も言われないかもな。

あなた　それはとてももったいないことだと思いませんか。私は、Mさんという素晴らしい社員がいた、とみんなが誇れる2年間を過ごしてもらいたいと思っています。

Mさん　そうですね。

あなた　どんなことができそうですか。

Mさん　会議にはちゃんと出よう。みんなで決めたルールだから。あとはそうですね、何をしたら良いか、アイデアあるな？

あなた　そうですね、ぜひいろいろな部署の人を誘ってランチにでも行って、会社の昔の話を交えながら、この会社の魅力を伝えてほしいです。どうですか？

Mさん　それはいいアイデアだ。昔は今と全然違う会社だったからね。

あなた　ぜひ、お願いします。きっとみんな知りたがると思います。また、来月、どんな様子だったか話しましょう。

準1級レベル

case5 自分より給与が高い人が楽をしているのが許せない

▶ **状況**

Iさんは入社2年目で、総務の仕事をしています。

Iさんの部署には、中途で入社7年目の先輩社員Kさんがいます。KさんはIさんより20歳ほど年上で、特に週末になると、「これ来週までにやっておいて」と事務処理や社内の依頼事項をIさんに依頼し、自分は先に帰っていきます。

相手は年上であり、先輩でもあるので、一番下の自分が引き受けるものだと思っていたIさんですが、今年のボーナスが出た後に、Kさんがボーナスでブランドもののバッグを買ったと嬉しそうに話しているのを耳にしました。

自分のボーナスの額では、とてもではないものの、簡単に手が届くものではなく、給料の差がそんなにもあるのかと愕然とし、また、なぜ楽をしている先輩のほうが給料が良いのかと、一気に不満が芽生えてきました。

あなたはIさんとKさんの部署を管轄している、上司の立場です。ある日、Iさんからこのように不満をぶつけられました。どのように対応しますか？

あなたには、IさんとKさんの評価を決定する権限はありますが、年功序列の色の強い会社であり、あなたにもIさんとKさんの処遇の最終決定はできないものとします。

> **解　　説**

　給与の問題はどの企業においても非常にデリケートかつ難しい問題です。
　この問題の場合、あなたにもＩさんにも給与をコントロールすることはできません。選択理論では、「コントロールできないことには焦点を当てない」ということを旨としています。

Ｉさん　会社に文句を言っているみたいで、少し嫌なのですが、どうしても我慢できなくて、伝えました。

あなた　ありがとう。僕も一緒に会社を良くしたいと思っているから、何でも話してほしいと思っているし、思っていることを言えないような職場にはしたくないと思っているよ。

Ｉさん　はい、私とＫさんのことなのですが、Ｋさんの方が仕事が楽なのに、お給料はたくさんもらっているのはおかしいと思います。もちろん正確にいくらか、ということは知らないのですが。

あなた　例えば、どんなことがあったのかな？

Ｉさん　例えば、先週末もですが、金曜の４時になって、月曜までの書類を用意して、と言って、自分が終わらなかった仕事を全部私に押し付けるんです。それでいて、自分は５時になったら、予定があるといって帰っちゃうんです。私は残

業です。

あなた 僕もIさんの仕事ぶりは評価しているし、気持ちよく働いてもらいたいと思っている。ただ、僕にも給与の決定権はないので、すべてが思い通りいかないかもしれない。それは同意してもらえるかな？

Iさん はい、それは仕方ありません。

あなた ところで、例えばだけれど、Kさんよりも給与が多かったら、Kさんに週末になってから仕事を依頼されても、納得して働けるかな？それとも、週末になっていきなり仕事が持ち込まれないということのほうが大事かな？

Iさん そうですね、、どちらかというと、Kさんの仕事の仕方のほうが嫌なのかもしれません。自分の責任は果たしてもらいたいというか。

あなた そうか、ありがとう。Kさんの段取りについては、僕の責任でもある。もう一度、何に時間を使っているのか、一緒に仕事のスケジュールを立てるようにするよ。Iさんのほうで、Kさんから仕事が突然来ることがないように、何か工夫をしたり、Kさんに協力してもらえることはないかな？

Iさん そうですね。仕事は嫌いではないので、先に手伝えることはないか聞いてみたほうが、急に来るより良いかもしれま

せん。

あなた　ありがとう。僕としても本当に助かります。頼りにしています。

　課題を解決するポイントは、相手の欲求のうち、「今、どの欲求が満たされていないのか」を見極めることです。給与の問題（力の欲求）と、週末の不自由（自由の欲求）を比較し、問題の本質は自由の欲求が阻害されていることにあることを聞き出しています。
　また、職場においては、上司の立場から何かを言うことは簡単で効果のある解決策であることが多いですが、選択理論の考え方に則れば、必ず「自分でもコントロール可能な行動を取る」ことが重要です。
　仮に上司の言葉が奏功しなかった場合に、自分で何かをしていないと、「上司が悪い」と被害者の立場になってしまいます。
　自分でもコントロール可能な行動を起こすことで、より結果に対する納得感が生まれ、結果を受け入れやすくなる効果があります。

準1級レベル

case6 部署内で派閥ができている

▶状況

あなたは、20人のメンバーが所属する営業部を取りまとめています。あなたは、AさんとBさんという部下を持ち、Aさんが10名の1課を、Bさんも10名の2課をまとめています。

同じ方針で同じ目標に向かって仕事をしている必要がありますが、どうも、AさんとBさんの対立が、そのまま部署間の派閥のようになってきているようです。

同じ役職で、同じ規模の組織を持っているが故に、どちらがより成果を出すかという競争意識につながり、その競争意識が部署間の溝にまで広がってしまっているようです。

あなたとしては、当然協力しながら組織として結果を作ってほしいと考えています。どう対応しますか。

解説

部下の中に切磋琢磨する意識があることは悪いことではありません。しかし、それがお互いの人間性を否定しあったり、お互いに協力しないことによって、自分だけ出し抜こうという姿勢につながってしまうと、人間関係は悪化し、組織の生産性も当然落ちていきます。

あなたは部署の責任者として、自らの組織や、会社のなかで派閥ができることを絶対に避けなければなりません。

昇進できるだけの力を身につけようとすることは悪いことではありませんから、その意欲を正しい方法に導くことが必要です。

第3部 実践編
PRACTICE PART

あなた　Aさん、Bさん、集まってくれてありがとう。今日は少し、目指すべき組織のあり方について意見を聞きたいのだけれど、大丈夫かな？

Aさん・Bさん　はい。

あなた　ちょっと最近気がかりなことがあってね。ふたりで切磋琢磨して成果を目指してくれるのは良いことなんだ。しかし、本当に大切にすべきことを忘れていないか？

Aさん・Bさん　はい。

あなた　仕事は誰のために行うものだと思う？ お客様のために、良いサービスを提供しなければならない。それは理解してもらえるかな？

Aさん・Bさん　もちろんです。

あなた　そのために、今のAさんの課とBさんの課の現状を見てどう思う？お客様に良いサービスを提供しようという方向に、本当にみんなが向いているだろうか。

Aさん　そうではないと思います。

Bさん　同じくそう思います。

あなた お客様のために協力して、良い結果をつくり、その結果をお互いに喜ぶのが良い組織のあり方と思わないか？

Aさん その通りです。

あなた ぜひ、そのために協力してほしい。何か懸念することや気がかりなことはないかな。

Bさん 課が違うスタッフが共同で結果を出した時に、成果の配分のルールがあいまいなことがあり、それによって、発言力のある人に成果が多く配分されることがあるようです。それが相手の部に成果を取られた、というような意識を生んでしまっているように思います。

Aさん 私もそう思います。

あなた それは早急に改善しよう。具体的にどの案件でどんな問題が起きたか、明日また報告してほしい。お互いに認識が違うこともあるかもしれないから、AさんもBさんもそれぞれ取りまとめて、二人とも集まってほしい。いいかな？

Aさん・Bさん かしこまりました。

第3部　実践編
PRACTICE PART

準1級レベル

case7　思うように成果が上がらず、諦めつつある部下

▶状況

　あなたはウェブデザイン会社で、ウェブサイトの制作チームを束ねています。ウェブ制作の経験を積むと、ウェブサイト全体の設計の提案など、コンサルティング寄りの業務も行うようになり、あなたも自らの案件から、制作部分を部下に担ってもらっています。

　制作チームはいくつかのチームに分かれており、リーダーが持っている案件に対して、部下が制作を担うような形で仕事が進められます。

　あるとき、あなたのもとに制作スタッフOさんが部下としてやってきました。経験は長いものの、なかなか昇進できずにいる部下で、もとのチームでもリーダーとの人間関係に問題を抱えて、あなたのもとに異動してきました。

　制作を依頼しながら3週間ほど一緒に仕事をしてきましたが、どうも話の要点をつかむのが苦手なようで、一緒に打ち合わせをして、方針を決めたつもりでも、打ち合わせの内容とずれたデザインをしてしまう傾向があることがわかりました。

　そのことを指摘すると、「その後作りながら、こっちのほうが良いと思ったんです」と言います。そう考えた理由をさらに聞くと、「それはうまく言えませんが、こっちのほうがいいですよね、わかりませんか？」とうまく説明できない様子。あなたが少し困惑すると、「あなたもやっぱり僕のことをバカにしているんですね、もういいですよ」とすねてしまいました。その場はなんとかなだめ、終業後にゆっくりとOさんの話を聞くことにしました。

あなた　Oさんは何年目でしたっけ。

Oさん　10年目です。

　10年目と言えば、たいていのスタッフはあなたと同じチームリーダーとして活躍しています。

あなた　仕事は楽しいですか？

Oさん　ウェブ制作の仕事は嫌いではないですが……よくわかりません。

あなた　というと？

Oさん　もともとデザインが好きで、学生の時からこうしたことはやっていて、それが生かせるならと思ってこの業界に入ったのですが、僕が考えるデザインと、必要とされるものが違うようで。でも何が違うのか、コツのようなものをつかめないままずるずるとここまで来てしまったようです。

あなた　リーダーになって、コンサルティングの仕事はしたいですか？

Oさん　いずれはしたいと思っていますが、あきらめたほうが楽かなと最近は思っています。

第3部 実践編
PRACTICE PART

　さて、Oさんは自分が将来どうなっていくのか、そのために何をすべきかがわからなくなっているようです。中期的なキャリアビジョンを作るために、どのように支援しますか。

解　　説

　Oさんが仕事において力の欲求が満たされていないことは容易に想像できます。

　10年という時間による経験があっても、基礎的なことを教わったことがない場合、キャリアの土台になるものが抜け落ちてしまっていることがあります。

　そうした部下に対しては、キャリアや年齢に関係なく、基礎的なことを身につけてもらう必要があります。

あなた　チームリーダーになるとしたら、どんな能力が身につけば良いと思いますか？

Oさん　もっと頭が良くないといけないと思います。

あなた　それをもっと具体的に言うと、たとえばどんなことですか？

Oさん　物事を順序立てて説明できる、とかでしょうか。

あなた　たとえば、そういうことですね。今のご自身はどうですか。

Oさん　全然だと思います。どうしていいかわからなくて。

あなた　なるほど、ところで、Oさんと仕事をしてきて気づいたことを少し話しても良いですか。

Oさん　はい、ぜひ。

あなた　ウェブ制作の仕事は、お客様がいて、お客様は何らかの問題を解決したくて我々に仕事を発注してくれます。たとえば、ウェブからの資料請求を増やしたい、とか、そういうことです。そのために、どういうページを作って、どういうデザインにして、ということをコンサルティングします。その設計図をもとに、制作を進めます。当然、全体の設計図があって、制作があるわけですから、設計の意図通り制作をしないといけないということはわかりますか？

Oさん　はい。

あなた　Oさんと打ち合わせをして、制作を進めた時に、Oさんが独自に改変してくるときがありましたね。現場レベルでアイデアを出してくれることは大いにありがたいことですし、今後もやってほしいと思いますが、もともとの意図を忘れてしまっているように感じることが多いんです。それはご自身でどう思いますか？

Oさん 確かに、作り始めるとなんとなく見た目の感性で作りたいものを作ってしまうかもしれません。

あなた 仕事においては、なぜこれを作るのか、言い換えれば、お客様はこれをもとに何を解決したいのかという目的を忘れないようにしなければいけません。Oさんはそれがわかる方だと思いますから、まずはそれを常に考えましょう。そうすれば、もともとお持ちの高いスキルを正しい方向に伸ばせると思いますよ。

準1級レベル

case8 従来のスタッフと新しいスタッフの間にモチベーションの開きがある

▶状況

あなたはある機械メーカーの営業部を管理するマネジャーとして、4名いる営業事務の社員も管轄しています。

営業事務の社員は、請求書の発行、会議資料の作成など、営業スタッフの事務的な作業の補助を中心に行っています。男性がひとり、女性が3人です。

3月の末に、営業事務チームの女性社員のうち1名が結婚し、退職しました。かわりに4月から、総務にいた女性社員Uさんが異動をしてきました。

営業事務チームは、仕事の内容が大きく変化していくことはなく、安定した仕事です。しかし、Uさんはキャリア志向が強く、色々な仕事を自分から取りに行く性格です。

会社からは、Uさんが加入することで、営業事務チームが既存の役割にとどまらず、より多くの提案をできるように成長してほしいという意図があり、優秀なUさんを抜擢したようですが、異動から2ヶ月経ち、意図通りにうまくいっていないことが浮き彫りになってきました。

Uさんは、3名のスタッフをやる気がないと考えており、3名のスタッフは、Uさんのように仕事をたくさん増やす人が来ると、自分たちまで帰りが遅くなると疎んでいるようです。

さて、あなたは営業事務を含む部門の管理者として、この状態を打破する必要性を強く感じています。月初の会議がちょうど迫っているため、この機会をうまく使って、チーム全体の人間関係を修復

し、相互理解を深めたいと思っています。どのように対応しますか？

解　　説

　部署異動といった会社の方針によって、それまでと全く違う欲求や上質世界を持つ人がチームに加入すると、チームに大きな変化がもたらされます。

　このケースでは、Ｕさんは力の欲求が強く、その他のスタッフはそれほど強くないようです。仕事よりも早く帰りたいと思っていることから、力の欲求を仕事において満たすことよりは、自由の欲求や楽しみの欲求を他の場所で満たすことを重視しているようです。

　このような組織において、相互理解がなされていないと、人に対して意識が向きがちです。つまり、「またＵさんが余計なことを…」といった先入観から入ってしまい、その人がやっていることそのものが良いか悪いかを判断する前に、誰がやったかで判断してしまうということです。

　こうした組織の状態では、組織効率は上がらず、人間関係も成果も出ない組織が出来てしまいます。

　相互理解を深めるためには、個々人の求めているものをお互いに理解することはもちろん重要です。さらに今回のケースでは、あなたは管理者として、会社の意図を汲み、営業事務チームの成長に対しても意識を向けさせなければなりません。

準1級レベル

case9 期末まで残り2ヶ月。個々の問題を乗り越え、全体の目標に向かって集中しないと達成が厳しい

▶**状況**

あなたはシステム開発会社の営業部を取りまとめています。

営業部が受注を受けた案件を、開発部が期日までに納品するという体制で業務を進めています。

3月末の決算まで残り2ヶ月と迫り、あなたのもとにも、経営陣から目標必達の指示が届いています。あなたは、営業部と開発部が協力すればなんとか目標達成可能だと考えていますが、実際に現場を見ると、営業部は「開発部は仕事が遅く、面倒な仕事を嫌がるから信用できない」と考え、開発部は「営業部は無茶な案件ばかり取ってきて、開発部の現場が疲弊してしまっている」と考えており、信頼関係が築けていないようです。

幸いにして、開発部の責任者であるJさんもこの問題には気づいており、どうにか目標達成したいと考えているようです。

さて、あなたとJさんでどのように組織を目標達成に向かって導きますか。

解　　説

リードマネジメントでは誰が悪いかではなく、常に「何が悪いか」に目を向けます。現場で、部署間の信頼関係が損なわれていることにも、何らかの理由があるはずです。それをまず探りましょう。

あなたとJさんで現場の様子をよく見てみると、営業部と開発部の間で、納品物の仕様に対する認識が、営業部と開発部で異なって

いたために、社内でトラブルが増えていることがわかりました。

　通常、営業担当者が案件をもってきた後、開発部からプロジェクトの責任者を招き、開発部の責任者が納品物の仕様と開発期間を定め、それをもって営業担当者が顧客と最終調整し、開発部責任者も合意のもと、受注を受けて開発を行うという一連の流れがありました。

　これに対し、現在の現場を見てみると、「コンペになってしまい、時間がなかった」「営業担当として、お客様にできないとは言えない」といった理由で、開発部に事前に知らされることなく、納品物の仕様が変更になっている案件が以前に対して大きく増えていました。

　どうやら、こうしたことが営業部と開発部の不信感の背景にあったようです。

　「何を改善すべきか」という観点であなたとJさんが話し合った結果、これまで営業担当のみが顧客と打ち合わせしていたところを、開発責任者も営業に同行させ、顧客との打ち合わせに参加することとしました。

　これによって、仕様決定の流れが見えるようになり、お客様にとっても開発担当の顔が見えることによる安心感が生まれました。

　また、社内に対しても、これから一致団結することを改めて示すべく、営業部責任者として、あなた自身が開発部にこれまでの不備の謝罪と改善策の説明を行い、開発部責任者のJさんも営業部に対して、これから開発に協力的な体制を取るため、部署間で話し合った改善策を報告することとしました。

　日々仕事を進めていくと、面倒なこと、トラブルが起きた時に、近くのものに視点が向いてしまうことがあります。お客様に良い製品や商品を提供するという目的を忘れて、部署間の利害といった小

さな問題に焦点があたってしまうのです。
　みなさんがリードマネジメントを実践するリーダーであるならば、リーダーとして常に目的に目を向けさせ、「何が悪いか」を考える必要があります。仕組みを改善することで、従業員が自然と行動に移せる環境をつくることが、すぐれた上司の条件です。

第3部　実践編

PRACTICE PART

準1級レベル

case 10　選択理論に興味を示すものの、理解が不十分な部下

▶ 状況

あなたは、マネージャーとして営業部を率いています。あなたは営業部全体をマネジメントしていますが、営業部には2つのチームがあり、それぞれのチームをチームリーダーが管理しています。

あなたは、自分が学んだ選択理論を組織に導入し、一定の成果を挙げることができました。

その経験をもとに、あなたの部下にあたる、チームリーダー2名にも選択理論を学んでもらうことにしました。幸い2名とも非常に興味を示し、自分なりに学びながら、チームにおいて選択理論に基づいた関わりを実践し始めたようです。

そんな中、1名の部下（Tさん）から相談を受けました。

Tさん　選択理論で、相手を批判してはいけないと言いますよね。私も上司であるあなたから批判をされたことがないですし、良いことなのだろうと思って、批判することは控えています。しかし、チームの方針に対して、明らかに間違った観点から異を唱えるKという部下がいるのですが、そうした部下に対しても我慢をするのが選択理論なのでしょうか。例えば、Kは月曜日のチームミーティングにも来ないで、お客様のアポイントを入れていたのです。それも1回だけでなく、毎週です。本人曰く、ミーティングは時間の無駄だということです。

さて、あなたはTさんに対してどんなアドバイスをしますか？

> **解　　　説**

　選択理論を学び始めたばかりの時に「致命的な7つの習慣」が人間関係を破壊してしまうことを理解し、それらを使わないことを決心する方は多くいます。
　しかし、それに代わる効果的な行動を持たないために、相手が外的コントロールを使ってきた際に、どうして良いかわからなくなってしまったり、あるいは「とにかく受容してしまい、結果、相手を甘やかしてしまう」という方は少なくないようです。
　こうした場合に、どのように対処すべきか、適切な行動を身に付ける必要があります。
　まず、相手が外的コントロールを使ってきた場合の心構えは、選択理論における「責任の概念」にヒントがあります。責任の概念とは、「相手の欲求充足を阻害することなく、自分の欲求を充足する」つまり、選択理論においては、自分で自分の欲求充足をすることが先決なのです。相手の外的コントロールに対し、我慢するだけの選択をしても、自分が満たされませんから、我慢することがすべてではないということをまず理解しましょう。
　では、次にどのような行動を取るべきか、という点に移ります。身につけるべき7つの習慣には「意見の違いを交渉する」とあります。もちろん、相手を批判するような口調はいけませんし、相手の立場を尊重することは必要ですが、自分の意見を言ってはいけないということではありません。Tさんにも、そのことを伝えてあげま

しょう。

あなた Tさん、批判してしまう前に相談にきてくれてありがとう。選択理論はこれからも学び続けてほしいのだけれど、選択理論を学んだからといって、関係の悪化を恐れて自分の意見を言わないという選択をすることは効果的ではないというのはわかるかな。KくんにはKくんなりの最善の行動として、ミーティングに来ないでお客様とのアポイントを入れるという選択をしている。まず、「それはなぜか」ということを理解する必要がある。その上で、なぜチームのミーティングを月曜日に入れているのかという目的を、Kくんに伝えてあげることも同じくらい大切だ。Kくんの立場をしっかりと理解した上で話せば、きっとお互いに譲歩が生まれるはずだから、大丈夫だよ。

索引
INDEX

価値のフィルター	……	57
カラーチャート	……	16
感覚のシステム	……	57
感情	……	41
外的コントロール	……	20
クオリティスクール	……	16
行為	……	41
肯定的価値	……	57
コントロールシステムの環	……	64
コントロール理論	……	15
思考	……	41
自己評価	……	61
上質世界	……	35
整理された行動	……	62
生理反応	……	41
全行動	……	41
選択理論	……	15
知覚された世界	……	60

索　引
INDEX

知識のフィルター	……	57
内的コントロール	……	21
比較の場	……	61
否定的価値	……	57
不随意行動	……	62
フラストレーション・シグナル	……	62
ボスマネジメント	……	69
リアリティセラピー	……	16
リードマネジメント	……	16

参 考 文 献
Reference

- William Glasser (1984). Take Effective Control of Your Life. Harpercollins.（ウイリアム・グラッサー　堀たお子（訳）(1985).『人生はセルフ・コントロール』サイマル出版会）
- William Glasser (1999). Choice Theory: A New Psychology of Personal Freedom. Harper Perennial.（ウイリアム・グラッサー　柿谷正期（訳）(2000).『グラッサー博士の選択理論』アチーブメント出版）
- William Glasser (2000). Reality Therapy in Action. HarpsrColins.（ウイリアム・グラッサー　柿谷正期・柿谷寿美江（訳）(2000)『15人が選んだ幸せの道』アチーブメント出版）
- William Glasser (2004). Warning: Psychiatry Can Be Hazardous to Your Mental Health. Harper Perennial.（ウイリアム・グラッサー　柿谷正期・佐藤敬（共訳）(2004)『警告！―あなたの精神の健康を損なうおそれがありますので精神科には注意しましょう―』アチーブメント出版）
- Robert Wubbolding (1988) Using Reality Therapy Harper Perennial（ロバート・ウォボルディング　柿谷正期訳（1998）『リアリティ・セラピーの理論と実践』アチーブメント出版）
- アチーブメント株式会社（2000）リードマネジメントプログラムテキスト
- ビジネス選択理論能力検定委員会（2013）『ビジネス選択理論能力検定3級公式テキスト』

ビジネス選択理論能力検定 公式サイト
https://business-ct.net

ビジネス選択理論能力検定
2級&準1級公式テキスト

2014年（平成26年）10月1日 第1刷発行
2025年（令和7年）4月18日 第6刷発行

著 者／一般社団法人 日本ビジネス選択理論能力検定協会

発行者／塚本 晴久

発行所／アチーブメント出版株式会社
〒141-0031 東京都品川区西五反田 2-19-2 荒久ビル 4F
TEL 03-5719-5503 ／ FAX 03-5719-5513
ホームページ https://www.achibook.co.jp

装丁／アチーブメント株式会社

本文デザイン／有限会社 J-ART

印刷・製本／シナノ書籍印刷株式会社

ⓒ 2014 Business Choice Theory Proficiency Test Association Printed in Japan
乱丁・落丁本はお取り替え致します。
ISBN：978-4-905154-71-6

選択理論関連書籍　好評発売中！

グラッサー博士の選択理論
ウイリアム・グラッサー（著）／柿谷正期（訳）
定価：本体3800円＋税

「すべての感情と行動は自らが選び取っている！」
人間関係のメカニズムを解明し、
上質な人生を築くためのナビゲーター。

四六判・上製・575頁　　ISBN978-4-902222-03-6

結婚の謎(ミステリー)
ウイリアム・グラッサー、カーリーン グラッサー（共著）
柿谷正期、岩井智子（共訳）
定価：本体2300円＋税

「私は間違った人と結婚してしまったのだろうか…」
結婚関係の深淵を明確に解き明かし、
胸の奥に秘められた深層心理を探る！

四六判・上製・280頁　　ISBN978-4-902222-02-9

15人が選んだ幸せの道
ウイリアム・グラッサー（著）
柿谷正期・柿谷寿美江（共訳）
定価：本体2800円＋税

15人が選び取った新しい人生の物語。
「脅迫神経症」「夫の浮気」「落ちこぼれ」「パニック症候群」
「自殺願望」……。より良い人生を送りたい人に最良の本。

四六判・上製・432頁　　ISBN978-4-902222-08-1

選択理論関連書籍　好評発売中！

警告！ あなたの精神の健康を損なうおそれがありますので精神科には注意しましょう

ウイリアム・グラッサー（著）／柿谷正期、佐藤敬（共訳）
定価：本体2400円＋税

従来の精神医学界に衝撃の楔(くさび)が打ち込まれた！
あらゆる精神疾患の方々に朗報をもたらす画期的ガイドブック。

四六判・上製・390頁　　ISBN978-4-902222-16-6

人生が変わる魔法の言葉
親と子・夫と妻・恋人たちのMiracle Words

ウイリアム・グラッサー、カーリーン・グラッサー（共著）
柿谷正期（訳）
定価：本体1000円＋税

殻に閉じこもる子ども、解り合えない親子、破局間近な恋人たち、彼氏彼女の浮気、冷え切った結婚生活、離婚寸前夫婦…。あきらめていた「あの人」との人間関係がわずか7日で大逆転する本！

四六変形判・上製・128頁　　ISBN978-4-902222-31-9

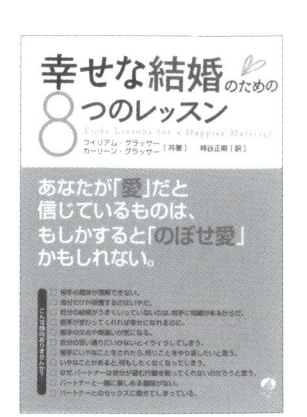

幸せな結婚のための8つのレッスン

ウイリアム・グラッサー、カーリーン・グラッサー（共著）
柿谷正期（訳）
定価：本体1800円＋税

「2分2秒に1組が離婚？」
幸せな夫婦と不幸せな夫婦を分ける鍵とは。
どんな夫婦でも幸せになれるヒントが見つかる本！

四六判・並製・212頁　　ISBN978-4-902222-49-4

受験者必携！

ビジネス選択理論能力検定
【3級公式テキスト】

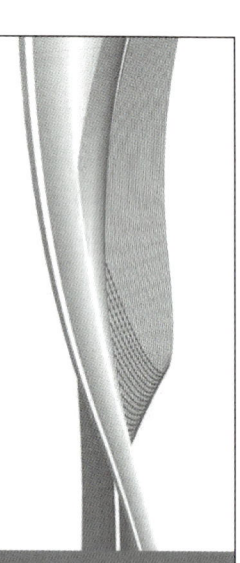

世界初！職場における人間関係、目標達成の両立を学ぶための資格が誕生！

選択理論はカウンセリングだけでなく、学校、ビジネスの現場へと広がりを見せています。管理職を対象としたリードマネジメントだけでなく、職場におけるあらゆる問題解決に対して学習の機会を提供するこの検定は、世界にも広がっていくことでしょう。
米国ウイリアム・グラッサー協会会長―Dr.William Glasser

ビジネス選択理論能力検定委員会 著
定価：本体1800円+税
A5判・上製・106頁　ISBN978-4-905154-33-4

ビジネス選択理論能力検定公式サイト
http://business-ct.net/